中山七里

超合理的！ミステリーの書き方

GS
幻冬舎新書
742

はじめに
ミステリーの現在地点

ミステリー小説とは何か。もしもそう訊かれたら、僕はまず**「謎の解明」がある作品**と答えるでしょうね。ミステリーにおける謎というと、犯人は誰か、動機は何か、その犯罪を成立させるためのトリックはなんだったのかなどいろいろあります。ただ僕は、最大の謎は「人の心」だと思っています。文学というのはおしなべて、人は何者でどこから来てどこへ行くのかが基本的な命題です。その命題に迫るひとつのルートとしてミステリーがある。**ミステリーという形式を使って人の心にどこまで迫れるか、**ということを僕はやっているつもりです。

また、「謎の解明」といっても、「魅力的な謎に対する合理的な解決」となると本格ミステリーについての定義になります。現在のミステリーはジャンルが広くなっていて、極端なことを言うと、謎が解明されないまま終わる小説もあるくらいです。昨今、ミステリーは伝奇小説、幻想小説、犯罪小説、家族小説など、いろんなジャンルに取り込まれている印象があります。そこで思い出すのは八〇年代にSFが流行った時にあまりにも拡散してしまったことですね。SFというジャンルからSFという考え方に変容して、いろんなジャンルに拡散したがためにSFというジャンル自体が希薄になったという過去があります。

それはミステリーも同様で、近年では純文学ですらミステリーの手法を利用した小説が現れています。このままSFと同じように拡散して薄くなっていくのかなと思ったらあにはからんや、ミステリーはミステリーとして、中心にドンと本格ミステリーという昔ながらの作品群があり、その周辺で奇妙な味のものや犯罪小説、ピカレスクロマン、ビルドゥングスロマンといったいろんなジャンルに分かれながら拡大しているというのが僕の印象です。拡散というよりも拡大ですね。いつぞやのインタビューで東野圭吾さんが「ミステリーの裾野を広げる」という言い方をされていました。今はまさにその状態じゃないかと思っています。

拡大しているからといって、何を書いてもミステリーが成立するわけではありません。読者さんに楽しんでいただくためにどのように工夫を凝らし、プロとして生き延びるためにどのような心掛けでいるのか。僕の実体験や実感をお話しします。これからミステリーを書きたい人、書き始めたばかりの人、プロを目指す方々に少しでもお役に立てたら幸いです。

超合理的！　ミステリーの書き方／目次

構成　瀧井朝世
DTP　美創

第一章　ミステリーとは何か

押さえておきたい古典一〇選

ミステリーとは何かについて、より具体性が分かるよう僕が代表的な作品だと考える一〇作品を挙げておきます。

ヴァン・ダイン『グリーン家殺人事件』
アガサ・クリスティー『ABC殺人事件』『杉の柩』
エラリイ・クイーン『エジプト十字架の謎』『Yの悲劇』
ウィリアム・L・デアンドリア『ホッグ連続殺人』
ドロシー・L・セイヤーズ『ナイン・テイラーズ』
横溝正史『獄門島』
高木彬光『刺青殺人事件』
島田荘司『奇想、天を動かす』

この一〇篇は、僕がいろいろな小説を書いていく上での血肉になっています。いわゆるミステリーの基本であるハウダニット（どのようにやったのか）、フーダニット（誰がやったのか）、ホワイダニット（なぜやったのか）が網羅されている一〇篇といえるでしょう。

ミステリーは小ネタが支えている

この一〇篇はまず、すごく大きなトリックが中心になっているのが特徴です。ネタバレになるので具体的なことは言えませんが、その大きなトリックを支えるために、小さなトリックがまんべんなくばらまかれている。小さいトリックに目を奪われている間に、大きなトリックが作動する、そんな作りの作品が多いですね。挙げた作品のほとんどが古典ですが、どれもに現代ミステリーにも通用する、「大きなミステリーを活かすためには、小ネタも仕込んでおいたほうがいいよ」という、先輩たちからのアドバイスがこめられていると思っています。

あまり抽象的だと分かりにくいでしょうから、この中で一番人口に膾炙《かいしゃ》している『Y

の悲劇』で説明しましょう。簡単に内容を説明しますと、事の発端として、ニューヨークで大富豪ヨーク・ハッターの死体が発見される。ハッター家の屋敷ではその後も奇妙な事件が続き、元舞台俳優の探偵、ドルリイ・レーンが調査に乗り出す。

この作品は犯人は誰かという大きなミステリーの周辺に、なぜマンドリンという凶器に向きそうにない楽器を殺人に使ったのかとか、なぜバニラの匂いがしたのかなど、小ネタがばらまかれています。しかしその小ネタだけではなかなか犯人にはたどり着けない。でも真実が分かった時に、それらがすべて合理的に繋がるわけです。

アンフェアギリギリからは離れろ

エラリイ・クイーンとアガサ・クリスティーは同時期の作家で、彼らは同じことを考えていたのか、どちらもトリックとしては結構アンフェアとフェアのギリギリなラインを書くことが多いですね。特にクリスティーは「ミステリーの女王」と呼ばれていますが、代表作のトリックって、どれもアンフェアギリギリなんです。『**アクロイド殺し**』とか『**オリエント急行の殺人**』なんて特にそう。ではなぜみんなが「女王のくせにアンフェアだ」と言わないかというと、それは**アンフェアギリギリの大ネタを、整合性のある小ネタが支えているから**なんです。古い小説ではあるんですけれど、それこそミステリーのお手本です。ただ、それを真似しろというわけではありません。

僕も、昔からそういうミステリーを読んで記憶していたものですから、デビュー作『さよならドビュッシー』なんかは今読み直すと、アンフェアギリギリの片鱗を感じます。それはデビュー作だから許されたことであって、そこから長く書き続けていくに従い、そういうギリギリの手法からはちょっと離れたほうがいいなと思うようになりました。ギリギリを続けていくうちに境界線を越えてしまう慣れを感じたんですね。

ミッシング・リンク

『**ホッグ連続殺人**』や『**ABC殺人事件**』では、複数の事件が起きるけれどその関連性が分からない。**いわゆるミッシング・リンクもので、ホワイダニットの変形と言えます。**

このジャンルは、最後の一行でひっくり返すことができるんですよ。それまで読者がずっと「こういう動機だろうな」と思っていたものを覆すことができる。『ホッグ連続殺人』なんてまさにそうです。

それにミッシング・リンクのリンクさえ摑んでしまえば、全部事件が解決する展開にできますから鮮やかな小説にしやすいですね。加えて、そこに絡んでくる犯人の動機によっては社会的な話にも繫げやすく、魅力的な話が作りやすいんです。ただし社会的な問題に関しては先行作品ですでに書かれてしまっている、という罠があるから難しい。

首無し死体はひとつのジャンル

『ナイン・テイラーズ』は、顔が潰された死体が発見される話です。他にも、一〇篇の中には首無し死体が出てくるものがいくつかあります。僕、好きなんですよ、首無しが(笑)。**首無し死体って本格ミステリーのネタにしやすい**んです。まず、誰の死体なのか分からないというところから、パズルの趣向が生み出せますよね。そこからどういう話に膨らませていくかが、作家の腕の見せ所です。「首無し死体」はもはやひとつのジャンルだと言っていいでしょうね。このジャンルで何をできるのかは作家にとって試金石でもあるので、たぶんミステリーでデビューした人はみなさん、一度はこのテーマをやりたいのでは。

魅力的な探偵

今回挙げた作品にはどれも、魅力的な探偵役が登場します。

僕もデビュー作の『**さよならドビュッシー**』で音楽家の探偵役を作りましたが、それはなぜかというと、最初に『このミステリーがすごい！』大賞に応募して落選した時、選考委員たちから「主人公あるいは脇役のキャラクターが立ってない」と言われたからです。**選評があると楽**ですよね。だって次に書く時に、**選評で言われたことを守ればいいん**ですから。ということで、次は主人公のキャラクターを立たせて、探偵役にはこういう魅力を入れようと考えればよかった。それを意識して、**キャラの立った探偵役が出てくるミステリー**を二作書いて応募したところ、『さよならドビュッシー』は大賞を取り、もう一作は裏デビューみたいな形で『連続殺人鬼カエル男』として刊行されました。こうすればみなさんから受け容れてもらえるとよく分かったので、その後は版元さんからオファーをいただくたびに、**魅力的な探偵役を作る**ように心掛けてきました。

探偵役といっても、なんでもできる神様みたいな人もいれば、悩んだり失敗したりする人もいます。どれが正解ということはなく、重要なのはその人たちに話を転がしてもらうことなんです。だから僕はその都度、小説のテーマに沿った探偵役を作ってきました。五年くらい前からは、「シリーズ化できる小説を書いてください」と言われることが増えたので、「こういうキャラクターを書けばシリーズが成立しやすいのかな」ということも含め、暗中模索するようになりました。おかげで今は出す本が全部シリーズ化しています。**探偵役を魅力的にすると、シリーズ化しやすい**んです。

ハウダニットは難しい

僕が書くものはやはり最終的に「人の心とはなんぞや」という謎に繋がっていく。それはたぶん、他の方が書いたミステリー作品もそんなに変わらないと思います。その時、同じトリックでもフーダニットやホワイダニットは書けるんですよ。**ハウダニットがなかなか難しい**。ハウダニットというのはいわゆる物理トリックですが、これは考えるのにすごく**手間暇がかかるわりに、実際に作品の中に入れてみると、それほど効果が望め**

ないことがよくあるんです。正直、他の方の作品を読んでもそう感じることが多いので、僕はフーダニットとホワイダニットのほうに傾いている自覚があります。

最近、四つ目の謎としてよく言われるのが「ホワットダニット」ですね。何が起こっているのかっていう。ただ、そうした作品はすでにミステリーの黄金期に書かれています。ドロシー・L・セイヤーズの『**ナイン・テイラーズ**』なんてまさにですね。僕はこれを読んだ時、大変感心しました。昔、植草甚一さんという評論家がアガサ・クリスティーの本をたくさん読みすぎて食傷気味になり、ある時『ナイン・テイラーズ』に手を伸ばしたんだそうです。抑揚のない平坦な描写が続くなと思っていたけれど、ふと、「この人はこんな普通の描写でミステリーを書けるのか」と気づいて唖然としたって言うんですね。僕も同じようなことを思いました。**殺人事件が起こったのに、なんでこんなに坦々と書けるんだろう**、と。でも読み返してみると、「ここに伏線があった」「ここにも伏線があった」と、驚きの連続なんですよ。僕は今書かなきゃいけない、あるいは書けるかもしれないと思うミステリーの源泉はこのあたりにあると感じています。眼高手低でなかなか書けないんですけれど。

トリックは目的ではなく道具

もちろんこの一〇篇だけでなく、素晴らしい先行作品はたくさん発表されています。これだけすでに世に出たミステリー作品が多いと、たとえ素晴らしいトリックを思いついても、「すでに誰かがどこかで書いているかもしれない」と思うかもしれません。ただそうであっても、**バリエーションの作り方によっていかようにもなるん**です。ある作品のAというトリックと、ある作品のBというトリックを結び付けて新しいCというトリックを作ったりもできますし、作品の背景やテーマ、書き手の作家性によっては同じトリックでも全然違うものに映りますから。特に、現代はいろんな社会的な問題がそこらじゅうに転がっているので、同じトリックであってもテーマをどう料理するかだけで何種類かの小説を作ることができるように思います。

だって、**僕らはトリックを作るために小説を書いているんじゃない**ですから。トリックはひとつのガジェット、つまり道具です。道具を作ることは大切ですけれど、それが目的じゃないんですよ。その道具を使って何かを伝えるのが目的でしょう。だったら、道具は古くても新しくてもかまわないんじゃないでしょうか。僕は最近、そういって開き直っています（笑）。

最低限のルール

ミステリーというジャンルは拡大していますが、何をどう書いても成立するというわけではありません。古典ミステリーが好きな人なら、**「ノックスの十戒」**を聞いたことはありますよね。ミステリーを書く時に気をつけなければならない十か条のことです。ノックス自身も半分冗談で作ったんじゃないかという話もあります。「中国人を登場させてはならない」などといった項目が並びますが、これが作られたのはかなり昔のことで、現代にはそぐわない差別的な項目があります。

現代においても、これをやったらミステリーとして成立しない、というものはあるんです。ルール違反というほどではないんですけれど、小説として面白くなくなるよねというものがある。

まず、**「犯人となるキャラクターを話の最後に持ってくるな」**。最後になって突然疑わしい人物が登場して、はい犯人でした、では読者も白けます。

次に、**「急に登場人物の性格を変えるな」**。展開に困ったのか、最後になってなんの前触れもなく登場人物の一人が豹変して犯人はこの人だった、と言われてもこれもまた白けます。読んでいて「この人上手いな」と思う作品には必ず共通点があって、それは、**「伏線がかなり前のほうに敷いてある」**んですよね。犯人を指し示す伏線すらもすごく前のほうに敷いてあるから、読者は後になって「あそこでもう書かれていたのか」と驚くんですよ。それがいわゆるどんでん返しというものです。そういう配慮をしないと読者からヘタクソだと思われてしまいます。

驚きは落差から

ミステリーを読む醍醐味のひとつに、驚きを味わえるというのがあります。**どれだけ驚いてもらえるかは、全部、落差にかかっているんです。**伏線の敷いてある場所と、結末がどれだけ離れているか、読者の思い込みと真実にどれだけ差があるか。その差が大きければ大きいほど、どんでん返しのショックが大きくなる。僕もある時そこに気づいて、なるべく大きな落差があるように書こうとしています。だから「ノックスの十戒」

には入ってきませんが、「なるべく伏線は前に敷きましょう」といった、細かい現代風の十戒を作ると面白いかもしれません。ただ、どうせ新たな十戒を作ったところで、破る人も出てくるでしょうし、破っていても面白いミステリーが出てくるかもしれませんが。

とにかく落差を作ればいいという話でもありません。どんでん返しがあるのに面白くない小説は、たぶんプロットの立て方からして間違っているんです。ミステリーが他の一般小説と違うのは、**プロットが命**だということ。青春小説や恋愛小説なら、キャラクターの自由に任せるところがあってもいい。ところがミステリーだけは、キャラクターが暴走するとどうしようもなくなるところがあります。たぶんほとんどのミステリー作家は、プロット作りだけで作業の八割いっていると思います。僕の場合はプロット段階で、最後の一文まで決めておかないと書けないですね。

社会派ミステリーについて

僕は最近、ガチガチの本格ミステリーだけではなく、裾野を広げて社会派も含めたミステリーを意識的に書いています。そうしようと思った動機のひとつが、一〇篇の最後に挙げた島田荘司さんの『**奇想、天を動かす**』です。これは**本格ミステリーと社会派ミステリーを融合させた作品**なんですよ。

それまで本格ミステリーと社会派ミステリーは水と油の関係みたいな扱いをするファンの方もいましたが、僕としては島田さんの作品が、はじめて融合に成功したという見方をしています。この作品が頭にあったものですから、拙著でいうなら『**護られなかった者たちへ**』などは社会派になっていて、根っこのところではなかなか分かりにくいトリックを使っています。

社会派ミステリーには空席がある？

僕は宝島社さんからデビューしましたが、次に声をかけてくれたのは意外にも文藝春秋さんだったんです。編集長と副編集長とお会いした時に、お二人が雑談していたんですよ。「私たちはミス・マープルが好きなんです」と言うのを聞いて、ああ、そういうミステリーを書けばいいのかな、と思いました。クリスティーのミス・マープルのシリーズには実は結構社会テーマが扱われているんですよね。それを今に焼き直せ、ということかととらえて、それで書いたのが『**静おばあちゃんにおまかせ**』でした。日本で二十人目の女性裁判官で、今は退官しているおばあちゃんが、孫娘の持ち込む謎を解くという**安楽椅子探偵もの**です。

社会派を書き始めたのには他にも理由があります。僕がデビューした頃は新本格のムーブメントが一段落していました。後から考えると新本格のムーブメントってたかだか三年間なんですけれど、まだその余韻が残っていた頃ですね。ですからいろんな新人賞も本格ミステリーを優先的に選ぶ傾向がありました。逆にいうと、社会派ミステリーがそれほどなかった。乱歩賞にわずかにその匂いがあったんですけれど、そこまではっきりしていたわけではなかった。二〇〇五年に乱歩賞を受賞した薬丸岳さんの『天使のナイフ』は社会派としてエポックメイキングな作品でしたけれど、それでも全般を見ると、本格ミステリーのほうが多かったですね。僕がデビューした二〇一〇年も、いわゆるミステリー系の新人は本格ミステリーの書き手が多かったんです。

その時ふと思ったのは、僕が本格ミステリーを書いても埋没しそうだということでした。じゃあ、本格ミステリーはやめたほうがいいんじゃないか、あるいは本格ミステリーの形をした別のものを書いたほうがいいんじゃないか。そんな風に考えました。狡《こす》からい話なんですけれど、やはり、**人の通らない道を通ろう**と思ったんです。

その時に見渡してみたら、松本清張さんがいなくなって結構経っていたんですよね。いろんな人が社会派の小説を書いてはいたんですけれど、それを主軸にしている人は少なかった。じゃあこの席には誰が座ってもいいんだろうな、と考えました。埋もれないために、あえてあまりみなさんが通っていない道を取った、というのが、僕が社会派を選んだ大きなきっかけです。

社会派ミステリーを書く時の心得

社会派を書くとして、**どのような題材を選ぶのか**。僕の場合、いきなりニュースで見かけるような社会問題や時事問題に目を向けるのではなく、今この社会で弱者と言われている人たちはどんな人たちなのか、その人たちはなぜ弱者にならざるを得なかったのかというところから考えることにしています。そのように逆説的に考えたほうが、今社会が抱えている問題が浮き上がってくるんですよ。そこを主軸として話を作っていけば僕にも社会派は書けるし、本格ミステリーを書いている人たちに対抗できるだろうという目算がありました。

もうひとつ考えていたのは、**読者と版元さんに損をさせることだけは絶対するまい**、ということ。不慣れな本格ミステリーを書いて駄作を生み出すよりは、みなさんがあまり手をつけていない社会派のほうに自分の存在意義が少しはある気がしていました。

ちょっと格好つけた言い方をすると、いわゆる物書きと言われている人たちはマイノリティの人たちに寄り添わなきゃ駄目だと思っています。その人たちが直面している問題がまだ小説の中で明らかにされていないのであれば、それを言語化するのが自分のひとつの義務みたいな気持ちがありました。

今目を向けなければいけない問題や、対処しなければいけない問題はどこにでもあって、それを明らかにしてくれるもののひとつが小説だと僕は思っています。でもそれは書く人間が自覚しなければ生まれないですから、僕は意図的に出していこうと考えました。自分で書いていて気づいたんですよ。今これだけ現代社会にいろんな問題があるのに、そこに愚鈍なまでに突っ込んで書いている人はそれほど多くないな、って。特にミステリーのジャンルに目を向けると、そこまで力を入れている人は多くなかったんですよね。社会派が幅をきかせていた時に島田荘司さんが現れて、その次に新本格もムーブメントが来て、みなさんがそこに流れ込んだ時期があって社会派にちょっとした空隙が生まれてしまった。それを放っておくと、社会的問題を小説に落とし込む人がいなくなってしまう。それはまずいなという気持ちがありました。

これを物語にしておかないと、今苦しんでいる人たちにスポットライトが当たらない、という問題はいろいろとあります。たかだか僕が書いた小説が出たところで、一万人かもうちょっと多いくらいの人が読むだけなんですけれど。それでも一万人の方が事実を知ってくれたのなら、ほんの少しでも世の中のためになるのかなという。まあ免罪符のようなものなんですけれどね。

最大公約数を探す

世の中にどんな問題点があるのかは、普通に暮らしていたら分かりますよ。パソコン開いてＳＮＳを見れば憎悪と落胆の嵐でしょう。その中にふっと、**人の心の叫びみたいなものが垣間見える**時がある。どうしてこの人はこんなに怒っているんだろう、どうしてこの人はこんなことを言うんだろう、この人は幸せになる道をどこかで間違えたんだろうな、でも間違えたのは本人の責任かな、などと考えていくと、歪んでいるものが見えてくるんですよ。それをいちいち小説にするのは難しいからみんなやらないんでしょうね。僕の作業は、そういう人たちの**声なき叫びを集めて、最大公約数が何かっていうことを探す**ことから始まります。

なぜ最大公約数を探すのかというと、なるべくたくさんの人に共鳴してもらいたいからです。もうひとつは、**最大公約数にしないとエンタメとして成立しない**。だって、どんなに悲惨な話を取り上げたとしても、それを多くの人に興味を持って読んでもらわないことにはどうしようもないでしょう。最終的には現実に横たわる問題を考えてほしいとしても、小説を書く以上は、お客さんを啓蒙しようだとか教育しようだとか、そんなことを考えていたら駄目なんです。だって僕らエンタメの書き手は人を楽しませてなんぼの商売だから。**人を楽しませるというのが前提**で、世の中にはこういう問題がありますよって提示するのが僕が最近書いているものです。どんなに悲惨な状況や、どんなに怒りを覚える状況が書かれていたとしても、読んだ後で心地よい疲れを感じてもらえなかったらそれは僕の失点ですね。

物語を作る時、人々に希望を与えたり、何かの指針の一部になってもらえたりしたら、という思いはあります。でなければ人々は物語を必要としませんから。大沢在昌さんがよくおっしゃっていたんですけれど、読んだ後で**何か胸に引っかかりが残らなかったら、書いているほうも読んでいるほうもつまらない**んですよ。何か爪痕がないと。たぶん僕を含めて、大部分の小説を書いている人は、その爪痕を残すことに苦労している。中にはまったく苦労せずそういうことができる天才もいますけれど。

小説ならではのミステリーの魅力

小説は映像に比べ、文字情報だけだから自分の中で自由に想像しやすい。読者の中で勝手に世界が広がってくれるんです。もっというと、その人の**受容の範囲まで広がってくれる**。同じ本を読んでも違う感想が出てくるのは、そういう意味なんです。それが面白いですね。**受容の容量が多い人ほど読んだ時の反応の仕方が豊か**でいいなと感じます。

ミステリーというのは最終的に謎を解かなくてはいけないという大命題があるから、その一点だけで読者を最後まで惹きつける力がある。この謎の結末はいったいなんだろうということだけで、話を最後まで引っ張っていけるということはつまり、ミステリーという形式を使えば、たいていの物語は作ることができる、ということなんです。汎用性が高い。それが大きな魅力だと思っています。

第二章　ミステリーを書く

中山流プロットの作り方

僕は作家になってからのこの十三年間、新作のたびに**毎回三日三晩唸りながら考えたものを二〇〇〇字のプロットにまとめて出す**、というのを繰り返しています。

たとえ五〇〇枚くらいの長篇でも、それを二〇〇〇字以内にまとめて編集の人に見せた時に「面白くない」と思われたら、それは面白い小説にはならないんですよ。小説だけでなくなんでもそうですけれど、**魅力のあるものって、たった一行で表現できるはず**なんです。それはキャッチフレーズかもしれないし、テーマかもしれないですが、いずれにせよ二〇〇〇字以内にまとめられないということは、たぶん書いている本人がその物語を客観視できていないんです。もっというと、二〇〇〇字以内でまとめたものを読んだ人が、「面白い、これ読みたい」と思ってくれなかったら、そのプロットで五〇〇枚書いても面白くない気がします。

テーマ、ストーリー、キャラクター、トリックの順

僕はいつも、最初に**版元さんからテーマのリクエストをもらいます**。テーマをもらったら、そのテーマを浮き上がらせるようなストーリーは何かを考えます。「社会的なテーマがいい」とか「本格ものを」とか「明るくて読後感のいいものを」といったテーマをいただくと、おのずと作品のカラーは決まってくる。そのカラーに合うのはどういうストーリーなのか、そのストーリーに合致するキャラクターはどんなキャラクターなのか。このキャラクターなら思いつくトリックはなんなのか、という風に考えていきます。

ストーリーは演繹法で考える

執筆中に**展開に行き詰まったことはない**です。最初のプロットで全部決めていますから。行き詰まるってことはプロットがしっかりしていないということでしょう。僕は三日三晩プロットを考える時も行き詰まることはないですね。だって**帰納法で考えてない**から。僕は**演繹法で考えています**。

僕、他の作家さんたちと話して知ったんですけれど、トリックを最初に思いついてお話を作る方が多いみたいですね。トリックや犯人を決めてから、逆算して話を作っていく。でもそれだとトリックを思いつけなかったら書けないんですよ。絶対にどこかで壁に突き当たる。なぜかというと、使うトリックと登場する人間がちぐはぐだから。

トリックを最後に考えたほうがたくさん書けるんじゃないか。僕はそう思って、トリックを最後に考えることにしています。演繹的に、最初にテーマを決めて、ストーリーを決めて、登場人物を決めてからトリックを考えると行き詰まらないですよ。僕はどんでん返しも一番最後に考えます。考えついたら全体を通して辻褄が合うように、いろんなところに伏線を張っていく。その順番だとなんのトリックも思いつかなくても書けます。トリックを決めてから書くという順番だと、何も思いつかなかったら永遠に書けないわけでしょ。そりゃ量産はできないよね、という話です。最初からずっと考えて最後にトリックを考えるんだったら、なんぼでも書けますもん。

トリックが思いつかない、なんてことはないです。人間の頭って、そんなにヤワなもんじゃないですよ。**考えたら必ず回答は出てきます**。回答が出てこないのは、たぶん**インプット不足**。インプットがある程度以上あれば、考えたら必ず解決します。これは作家生活十三年の僕の結論です。だって、そのやり方でずーっと何十年もやってきた赤川次郎さんという大先輩がいるんですよ。考えてみたら大御所といわれる方たちで、最初にトリックを考える人はあまりいませんね。書いているうちにトリックを思いつく人が結構多いんですよ。だから最初にトリックを考えてから書く人は量産ができない、**量産ができないとなかなかお客さんに名前を憶えてもらえない**、ということなんでしょうね。

大事なのはトリックより情報を出す順番

ミステリーにおけるトリックの重要性について、いろんな方がいろんなことを言っていますが、個人的にはトリックそのものより**情報を出す順番のほうが大事**だと思っています。たとえば伏線にしても、トリックを証明するなんらかの手がかりにしても、それをどこに置くか、いつ出すかのほうが大事。第一章でもお話ししましたが、話の最後のほうに出てきた登場人物を犯人にするなというのと同じで、物語の最後に出てきた手がかりで犯人を捜すなって話です。伏線や手がかりは冒頭に置いたほうが落差が大きくなりますから、読者の方の興奮なり驚愕を誘えるという計算はしています。

手がかりや伏線をどう置くかについては、手品師の論理じゃないですけれど、読者はそれを忘れてくれるような仕様にしますね。ここに置いた手がかりをどうやったら忘れてくれるだろうか、よし、じゃあここで別のイベントを作って気をそらそう、ここで新しい事件を起こそう、と考えていきます。**人間って同じ刺激が続くと感覚がマヒしてくるんですよ。**それを利用して、ここで派手な事件を起こしたら、**最初に打った布石は忘れてくれるだろう、**みたいな工夫をいろんな手を使ってやっています。たぶんミステリーを書いている人はみんなそうなんですよ。**伏線と思わせて伏線じゃなかったという、**いわゆるレッド・ヘリングもよく使います。その使い方が上手ければ上手いほど、ミステリーは面白くなります。

浮かぶのは文章

僕はこの業界に入ってはじめて知ったんですけれど、映像が頭に浮かぶタイプの作家がほとんどなんですよね。僕の場合は違って、文字が浮かぶんです。頭の中で原稿用紙に何かを書く癖がついているんでしょうね。原稿用紙の中に人物とか情景とかが、文字になって出てくるんです。あとはそれを肉付けする作業です。

プロットを作る時も、五〇〇枚なら**五〇〇枚すべて頭の中でずっと文章を書いています**。三日三晩で頭の中で原稿を書き上げちゃうんですよ。逆にいうと、その五〇〇枚は全部頭の中に入っているので、後で執筆する時にはなんの苦労もないんです。

プロット段階で推敲は終わっている

僕、推敲ってしたことがないんです。原稿の見直しは一回もしたことがないですね。ゲラになった時のチェックも、どこも直す必要がないからすぐ終わる。この前版元の社屋まで行って初校ゲラをチェックしましたが、三十分で終わりました。ほとんどルビの確認くらいしか確認すべきところがなかった。最初に三日三晩考えて頭の中で書き上げた時に、いわゆる推敲という作業は終わっているんですよね、きっと。あとはそれをタイプしていくだけです。タイピングのミスタッチも少ないようで、担当編集によると極端に誤字が少ないそうです。前後の事実関係が違ったりすることもないです。

僕は頭の中の原稿を一言一句たがわずアウトプットしているんです。だから三日三晩考えた後で版元さんに出す二〇〇〇字のプロットと小説本文の最初と最後の文章は一致しているはずです。そういうシステムにしないと量産できません。

デビューした時にふと思ったのは、**量産しなければ潰れる**な、ということです。じゃあ量産するにはどうしたらいいのかというと、作り方を変えなきゃいけないな、と。よく、一刀彫りみたいに、原木をコンコンコンコン削っていくような書き方をする人がいますよね。それだと途中で間違えた時に、また新たな原木から始めないといけない。それは手間がかかるんです。だから僕は**原木でなくプラモデルにする**ことにしました。**最初に全部の設計図を作ってそのまま作ればいい**。そのかわり設計図を作るための時間はかかる。でも直す必要がないんです。

テーマとストーリーを成立させる適切な長さ

もちろんプロットを作った段階で小説の長さも決まっています。そもそものテーマを語る、そのストーリーを成立させるための適度な長さって決まっているものなんですよ。

よく小説は何を書いても自由だと言われます。それは当たり前です。ただし、自由だけれども、あるひとつの目的を持って物語を作るのであれば、その自由度はどんどん狭まっていって、使うべきピースは必ず決まってくる。そのピースを間違うと、読み足りなかったり、金返せって話になるんですよ。それは読み手の方もよくお分かりなんじゃないでしょうか。「あれ、このテーマならあと一〇〇ページはほしいよね」とか「このテーマなら、もっと短くてもいいよね」って思ったことがあるのでは。

僕がプロットを立てる時は、このテーマでこのストーリーなら五〇〇枚、このテーマなら四〇〇枚と考えていきます。**適切なサイズは今までのインプットで判断できるよう**になっていますから。今まで読んだ中で駄作だと感じたものは寸足らずだったり、逆に冗長だったりしました。そうしたものをたくさん読んできたから分かるんですよ。小説って自由なものだと思っていても、ある程度の縛りってあるものなんですよ。その縛りを自覚できる人とできない人、自覚がなくても自然とやっちゃう人がいる。

語るべき物語にはそれに合致した枚数があるんです。原稿用紙四〇〇枚なら四〇〇枚のストーリーがあって、五〇〇枚なら五〇〇枚のストーリーがある。僕はストーリーを全部作った後に、全部で何枚かを考えます。四〇〇枚なのか三五〇枚なのか二五〇枚なのか。それによって書く内容が違ってくるんですよ。それよりも薄くしてもいけないし長くしてもいけない。あるいは詰め込みすぎて長篇の一部を切り取ったような話にしてもいけない。そのストーリーに一番合った枚数を考え、次に、その枚数に合った話の流れを考えます。

起承転結で分割していく

枚数を決めた後は構成を考えます。構成で一番簡単なのは「起承転結」ですけれども、このストーリーを落とし込むには「起承転転結」がいいなとか、「起承承転結」がいいなとか、そういうバリエーションを考えるんです。たとえば途中でイベントをふたつ繋げたほうが読者の興味をそそりやすいとなったら「起承承転結」ですよね。

そう決めたら第一章から第五章まで分けます。第一章は「起」の部分ですからダラダラやっていたら話の推進力が生まれない、ならば原稿用紙一〇〇枚にしておこうなどと決めていきます。さらにその一〇〇枚も「起承転結」の四つのユニットに分ける。一ユニット二十五枚をどう進めていくか。最初は台詞を多めにしよう、ここは台詞と地の文を六：四にしよう、それで「承」の第二章に入った時は、説明を入れたいから台詞と地の文は三：七にしよう、でも台詞の部分は冗長になってはいけないから、読者の心に残るようなフレーズを入れよう、ここは間延びしてはいけないから「……（三点リーダー）」は絶対に使わないようにしよう、エクスクラメーションマークもやめておこう、クエスチョンマークも控えようなどと考えて、各段落、各ユニットに対して、**使う記号の数**だとか、**漢字を開く・開かないのタイミング**も全部変えます。ぱっと見た時の印象で、**読む人の心理状態をある程度コントロールする**ような作り方をするんです。

物語は二十六パターンしかない

物語のパターンは二十六個しかないと言われています。もともとインド文学の中で言われていたことです。インドには『マハーバーラタ』や『ラーマーヤナ』などいろんな古典的文学がありますが、ある時インドの文芸評論家が、神話も含めて世界中の物語は二十六パターンしかないと言い出したんです。確かにその評論を読む限りは、二十六パターンしかないんです。ギリシア神話だって物語の数は多いけれど、パターンはそんなに多くないんですよね。そうしたパターンの繰り返しが現代の小説でも続いている。つまり**バリエーションを変えればいくらでも物語が生まれる**ということですよ。

そもそも、文学は相当昔からあるものですから、たいていのことはやり尽くされているんです。基本的に、完全なオリジナルはなくて、どれも何かのバリエーションだったり、オマージュだったりするわけです。僕は二十六パターン全部ではないけれど、ある程度は憶えていますから、その組み合わせのバリエーションで小説を書いています。僕がよく古典を読んだほうがいいというのは、そこに理由があります。**古典には未来があるんですよ。**

同じパターンの物語でも、時代や場所によって見え方は全然違いますよね。極端なことをいうと、ギリシア神話にたくさん出てくる「父親殺し」のパターンのバリエーションは現代でも非常に多くて、それこそ、「スター・ウォーズ」だってそうでしょう。換骨奪胎が上手くできれば、いくらでも話を作ることができるんですよ。

だから、**これまでの小説と物語をどれだけ自分の中に取り込んでいるか**が大事になってくるんです。小説をあまり読んだことのない人が書く小説は、やっぱり面白くないし、引き込む力がないし、一本調子な小説になってしまうんですね。今の若い方にたくさんの読書経験を強いることはできませんが、やっぱり読んでおいたほうがいいに決まっているんです。もっというと、今巻にある映画とか新しい小説よりは、源流を遡って古典に触れておいたほうが話は作りやすくなりますよ。だって、原型が分かるわけですから。今の新しい物語ばかりに触れていたら、そこから出てくる物語は今巻にある物語のエピゴーネンになってしまう可能性が高いんです。でも、一〇〇年、二〇〇年前の話を自分の中に取り込めば、醸成して吐き出す過程が必要になるので、そこから生まれる物語は今溢れている物語とは違ってくる可能性が高い。その時に書き手の個性が生まれると僕は思っています。

モノマネとオマージュの違い

元ネタを書いている人が生きている場合はモノマネになるし、故人である場合はオマージュになります……というのは本当に乱暴な言い方ですね。やっぱりモノマネと言われないかどうかは、どれだけ自家薬籠中のものにできるかでしょうね。

トリックに関してはどうしても他作品と似てしまうことがあるんです。真似をしたわけじゃなくて同時発生みたいなこともあります。現にスマートフォンだったり、自動歩行型のロボットだったりと新しい技術が出た時に、それを使った似たトリックの小説がぽろぽろ出てきますね。やっぱりみなさんの興味を引くものは一様にありますから、そこから考えたら似たトリックが出てくるのは当たり前なんです。その時、トリックが一緒でも語り口が違うだけで別物になるんですよ。では語り口を別のものにするにはどうしたらいいかというと、やっぱり自分の中で咀嚼しておかないと駄目なんです。結局落ち着くところは一緒で、**インプットの量に勝るものはない**んです。

基礎的作家・作品を知っておくと楽

元ネタを知らない、というケースもよく見かけますね。世代によって、その人が最初に触れたミステリー作品が全然違うでしょう。僕、この間ある若い人と話していてびっくりしたんですけれど、その方が「僕にとっての古典は綾辻行人さんの『十角館の殺人』です」って言うんですよ。もうそれが古典になっているんだと驚きました。あるいは、「江戸川コナンってオリジナリティがある名前ですよね」と言われたこともあります。いやそれはどう考えても江戸川乱歩とコナン・ドイルを組み合わせた名前なのに、今はそれすら知らない人もいるんですね。『名探偵コナン』の登場人物はみんなミステリーの登場人物や作者の名前ばかりなのに、それを知らない人のほうが多いんです。だったら今のうちに読んで知っておくといいよね、って話です。普通の読者なら別に読まなくてもいいんですよ。ただ、これからミステリーを書いて、それを商売にしたいという人であれば、それは基礎知識です。好きだろうが嫌いだろうが、そこは読まないと駄目だよというか、読んでおくと楽だぞ、という話です。

僕が基礎的な作家の中で一番影響を受けたのは横溝正史さんでしょうね。おどろおどろしい雰囲気なのに、実はすごくロジカルで。要は**ロジカルであることをごまかすために、おどろおどろしくしているんですよ**。『獄門島』なんてその最たるものです。作中に出てくる見立て殺人なんて要はマザー・グースなんですが、日本独特のおどろおどろしい因習めいた土着性の雰囲気がそれを隠している。そのスタイリッシュなことったらないですよ。戦後ミステリーのベストを選出する時に、必ず『獄門島』って入ってくるのは、それをミステリー好きたちはみんな分かっているからです。基本構成はアガサ・クリスティーやエラリイ・クイーンと一緒なんです。あれもバリエーションなんですよね。

良いアイデアと悪いアイデア

自分が思いついたアイデアが面白いか面白くないか、なかなか判断に自信が持てない人もいると思います。僕の場合、このアイデアはいける、というのは**プロットを読んでもらった時の担当編集の反応**だけで分かります。各社に担当編集者が一人か二人いますが、彼・彼女らの後ろには何万人、何十万人の読者が控えていると僕は思っています。編集の人が「面白くない」と思えば、それはたぶん、読者の人が読んでも面白くない。だから僕が書く時は、この編集者を面白がらせてみせよう、という気持ちがあります。この人が「面白くない」と言ったらおしまいだと思っています。それはこの十何年間変わりません。

とにかくインプットの量が大事

　これまでボツになったプロットや原稿は一枚もないです。それはなぜか。繰り返しになりますが、やはりインプットの量なんですよ。インプットといっても、いいものばかり摂取しているのではなくて、僕は**如何物《いかもの》も摂取します**からね。どうしようもないB級作品とかZ級作品とか。そういうものをたくさん摂取していると、**何が上手くて何がまずいかが分かるようになります**。ですから良いものだけでなく、悪いものも食べていると、それがアドバンテージのひとつになっているのかなと思います。自分で本を出す時も、これは十人のうち全員が納得してくれはしないだろうけれど八人は納得してくれるだろうな、というのが分かるようになります。インプットが少ないと十人のうち何人が面白がってくれるか分からないんですよ、たぶん。

　今の世の中、「面白いものしか見たくない」っていう風潮がありませんか。ネットで評判を確認して、十人のうち八人が「面白い」というなら読んでみよう、とか、観に行こう、とか。逆に評価が低かったら避けようとする傾向がありますね。それを続けていたら、その人が面白いものを作る能力はかなり限られてきますよ。失敗作を分かっていないから、ものを作る時にやっちゃいけないことが分からないんですよ。僕は、映画も名作から超駄作まで全部観ています。僕は**一日一本は映画を観る**んですが、「ここらで劇薬を仕入れておこう」と思って、わざとひどい映画を観ることもあります。

駄作って、これをやったら駄目だということが本当に分かりやすいんです。逆にいうと、よくできた小説や素晴らしい映画はよほど注意して摂取しないと、どこがよかったのか、どこが素晴らしかったのか、なかなか言語化できないんですよ。人間って阿漕《あこぎ》なもので、素晴らしいものより劣ったものを探してけなすほうが上手いでしょう？（笑）だから**悪いものに触れることは勉強になる**んです。いいものに触れても勉強になるけれど、すぐには役に立たない。いいものは摂取すると、滋養みたいにゆっくりと栄養素として魂の中に入っていくんであって、すぐには作用しない。一方で、毒はすぐに効果が出るというわけです。

取材はするか

僕は今まで、取材は一切したことがないです。取材をしても、たぶん得られるものはそんなに多くないと思っています。なぜなら、取材を受けてくれる相手が、はじめて会う人に自分の職業のやばいことをべらべら喋るわけがないじゃないですか。その部分を書きたいのに（笑）。それに取材したとしても、使えるのはたぶん十聞いたうちの一部だけですよ。田辺聖子さんが昔、「取材してもいいけれど、取材した十のうち一しか使っちゃ駄目よ」っておっしゃっていたんです。なぜかというと、それ以上使うと、話の筋に関係ないところまで書いてしまうから。

小説を読んでいると、この人たくさん取材したんだなって透けて見えることってありますよね。人間って取材して得た情報を全部入れたくなっちゃうものですから、書きすぎちゃうんです。そんなことで作品を台無しにするよりは、**自分で想像したほうがはるかに有益**だと僕は思っています。取材をしていなくても当たり前にものを考えて、ある程度の知識があれば、想像したことは必ず真実に近くなる。だってたとえば『**護られなかった者たちへ**』は仙台の話だけれど、僕は仙台に行ったことがないんですよ。でも仙台の人たちが読んだ時に、みなさん「ここの町並みは確かにこうだ」って納得してもらえましたからね。

つまり取材しなければ書けないというのは、極端なことを言えばインプットの量がないからです。最初にインプットがあったら、取材する必要はないですよ。

地図を見れば取材は不要

僕は小説でいろんな場所を書いていますけれど、一度も行ったことのないところばかりです。それでも頭の中にある情報をフル回転させるとたいてい事実に近づきます。それはやっぱり、インプットの量があるから。たとえば仙台を書くのなら、インプットしようと思ってなくても、3・11の時にたくさん情報が流れてきたじゃないですか。僕はあれを全部、画像でも文字情報でも憶えています。

場所については、地図を見るんですよ。地図を見て普遍的に考えてみると、だいたいのことは分かります。たとえば新幹線が停車する駅のある町だとすると、その駅の東側と西側では、町の形成が違ったりする。それにはちゃんと理由があります。たとえば道の幅が4メートルしかなかったら、これは古い町並みだなと分かります。新しい町は道幅6メートルですから。道幅4メートルのエリアにある小学校は、きっと古い町の子と、新しい町の子が来ている。じゃあこの中でヒエラルキーが生まれるよな、などと想像できます。あるいは建築基準法で建蔽率が何パーセントで、建築面積がこれだけならこの住宅街には公園を造らなくてはいけないという決まりがありますよね。このエリアには公園を造らなくてはいけないけれど、これだけ家が並んでいるんだったら、ここにしか造れないから三角公園になってくるな、などと想像できます。その周辺の住宅を見て小さい住宅が並んでいるようだったら、こういう人たちが集まって、こういうことが起きるだろうなと、分かってくる。建築基準法や風営法が絡んでくる地域なら古い建物が並んでいるだろうし、それならだいたい居酒屋や薬局といった店の種類も決まってくる。それもインプットがあるから分かるんですよね。書いた後で現地を確認してみても、だいたい想像通りです。

　僕は昔、**小説だけではなく、専門誌もよく読んでいた**んです。文字さえ読めればよかったので、法医学の本も時刻表も昆虫図鑑も、全然関係のない本を手あたり次第読んでいました。それが今になって役に立っています。一度読んだことは憶えていますよ。だって、読んだり聴いたりしたことは忘れないでしょう——え、違うんですか。また周りの人から「無茶なこと言うな」と怒られますね（笑）。僕は、そういうところの記憶力だけはよかったんです。

謎はどのように生み出すのか

僕の場合トリックを考えるのは一番最後で、最初に真相を決めないまま謎を考えます。では最初に読者の興味を引く謎を、どのように考えるのか。

まず、辻褄の合わないことを考えますね。三面記事をにぎわすような、浮気だとか、遺産目当てだといった通俗的な話もありますが、それをちょっとずらして、この状況でこの殺人が起こるのはおかしいよね、という辻褄の合わない状況を考えるんです。

たとえばその人が死んでも誰も得をしないのに殺されたとか、みんなから好かれていた人なのに残虐に殺されていた、とか。その辻褄の合わなさみたいなものが、ひとつの魅力になるかなと思います。それは作品によって違いますけれど。

たとえば法医学の話を書くのなら、被害者がどのように殺されたのか以外に、被害者の病歴など医学的な方面にも踏み込んでいったほうがいい。法律もの、いわゆるリーガルサスペンスだったら、なぜ被告人は嘘を言っているのかといったところが物語の中心となる。**物語の質によって、魅力的な謎ってバラバラなんです。**ですから、その時々で考えるよりしょうがないんです。でも常に頭にあるのは、辻褄の合わなさ、みたいなものですね。もっというと、だいたい不条理なことを提示すると、読者は興味を持ってくれます。

最初に思いついたアイデアを採用する

もちろん、そうした謎についても三日三晩の間に考えるわけです。三日三晩というと「仕事が早い」みたいな好意的な見方をされますけれど、実は違って、スケジュールが詰んでいて三日しか余裕がないんですよ。

僕はとにかく量産タイプですから、ひとつの話やひとつのプロットにそんなに時間をかけられないし、かけてもたぶん結果は似たようなものになると思います。だって、**アイデアってたいてい一番最初に思い浮かんだものが一番いいんです。**二番目、三番目になるにつれて、どんどん新鮮味がなくなってくる。ということは、三日で作ったプロットと、三か月かけて作ったプロットを比べたら、そんなに違わないはずですよね。

最初に思いついたアイデアは誰もが思いつくようなものだから捨てる、という方もいるそうですね。僕が最初に思いつくのは、誰も思いつかないような突拍子もないことなので、そこだけは他の方とちょっと違うのかもしれません。それは何度も言った通り、インプットの量があるからです。つまり最初に思いつくのがありきたりだという人は、それだけインプットの量が足りないんです。それだけだと思います。

トリックには物理トリックと心理トリックがあって、僕は物理トリックは苦手なので心理トリックに傾倒してしまうんですけれど、これははっきり言って、バリエーションだけです。心理トリックは古《いにしえ》から連綿とした形があって、自分の中で整理するとだいたい五種類くらいになります。その五種類の組み合わせで僕は作っています。五種類の内容については、商売道具なのでお話しするのは勘弁してください（笑）。

ただ有益な話をすると、江戸川乱歩さんもご自身で分類しているんですよ。彼はすごい人で、作品を生み出す一方で、古今東西のミステリーを収集して分類しているんですね。ミステリーの種類、トリックの種類、心理トリックまで全部分類している。それは

『探偵小説の「謎」』で読めます。昭和三十年代の作品ですけれど、いまだに汎用性があるんですよ。あれはたいしたものです。今からミステリーを書いて、どこかの公募に応募しようとする人は、読むと参考になると思います。ついでにいえば、都筑道夫さんの**『黄色い部屋はいかに改装されたか？』**という本にはその修正案が載っています。

編集者との会話の九割は雑談でボツ回避

新作のテーマについては編集者さんからのリクエストをもらう、という話はしましたね。それとは別に僕はいつも、編集さんがどんな話を読みたがっているかを考えています。

僕は打ち合わせの際**仕事の話は五分**しかしないんです。一時間あるとしたら、**あとの五十五分は雑談**です。会社員時代から、とにかく普段から無駄話をすることにしていました。なぜかというと、その人の好き嫌いが分かるから。無駄話をしながら、この人が何を読みたがっているのか、逆にいえば何を不必要としているのかを手探りで見つけていくんです。すると、正式にオファーが来て「こういうテーマでお願いします」と言われた瞬間に、この人がこういうテーマで書けっていうことは、こういうストーリーを求めているんだなというところまでは見当がつくようになる。

逆にいえば、雑談じゃないと分からないんです。人間って仕事の話をする時は要点しか言わないでしょう。でも、その人の**人となりが一番出やすいのは、仕事の話じゃなくて雑談**ですよね。たとえば同じ映画を観ていたとしたら、その映画のどこが好きか、どこが嫌いかという話をすればいい。一番その人の好みが出やすいのは、今みんなが観ている映画、つまり話題の映画の感想。あまり多くの人が観ていない映画では判断基準が見つけにくいんですが、ある程度メジャーな映画だったら、いろいろ判断基準ができる。映画にもいろんな評価軸がありますが、編集者さんの評価軸を確認するだけでも、「この人は映画をこういうところで判断するんだな」などと分かります。ストーリーより女優さんを見るんだなとか、ハリウッド式はあんまり好きじゃないなとか。じゃあハリウッドの脚本を手本にした三幕ものはやめたほうがいいな、などと判断がつく。僕が**プロットを出して一回もボツになっていない**のは、それが功を奏している気がします。

まあ、版元さんからもらうテーマでも、無茶ぶりだなと思うこともありますよ（笑）。

よくエピソードとして笑い話にしているのは、光文社さんとの打ち合わせに行ったら編集者二人と編集長がいらして、それぞれ「家族ものをお願いします」「サスペンスをお願いします」「どんでん返しをお願いします」「社会的テーマを織り込んでください」「それぞれの登場人物でスピンオフが書けるようなものにしてください」などと、一人につき三つテーマを言ってきたんです。合計九つです。持ち帰って、どうやってこの九つをひとつの話にしようかなと頭を絞りました。それで『秋山善吉工務店』のプロットを作って出したら、編集長が「えっ、九つ全部入れたの？　ひとつでよかったのに」って（笑）。

出版社からの注文がすべて

僕はこれまでに七十七作書いてきましたが、自分からこういうテーマで書きたいと提示したことは一回だけなんですよ。あとは全部版元さんが「こういうものを書いてほしい」と大雑把なテーマをくださるので、その通りに書きました。

一回だけ自分から提案したのは、朝日新聞出版さんから出た『**特殊清掃人**』ですね。

あれだけは前からちょっと興味があったんです。特殊清掃人というのは、孤独死をされた方のその後を清掃される方のお話なんですが、そういうお仕事を通して現代人の孤独みたいなものを書ければと、かねがね思っていました。それまで誰もそのテーマで小説を書かなかったんですよね。待っててもオファーが来なかったので、これは書く価値があると思い、はじめて自分から提案しました。

他に書きたいなと思っているテーマは今のところゼロです。『特殊清掃人』が例外だっただけで、**僕は自分で書きたいものなんてひとつもない**んですよ。自分で書きたいものと、世の中が求めるものがいつも一緒とは限らないですから。もちろん書きたいものを書く作家さんもいらっしゃるけれど、僕はそういうタイプの物書きじゃないという自覚があります。

読者層について

僕の場合、読者層が頭にある時もあればない時もあります。版元さんからあからさまに、「これはこういう層に届けたいです」と言われたら「ああそうか」と思ってそう書きます。逆に「多くの人に読んでもらえる本が作りたいです」と言われた時も、「ああそうですか」って。それは注文次第です。でも忘れないのは、**何を書いてもちゃんと爪痕は残します**ということです。

爪痕を残したい

どんなものを書こうとも爪痕は残したい。読んだ後で話の前後を忘れられるのはいいんですけれど、どこか**心に引っかかるようなものでないと、書いた意味がない**と思っています。どんなジャンルを書いても必ず企みとか、人の心のここを刺激したいというものはあるんです。それを、あからさまに言うんじゃなくて、こそーっと書く。それは全作品にやっているんです。面白く一気読みしたという人でも、寝る前にそのシーンがふと浮かんだり、何かの拍子にそのフレーズが出てきたりするのが爪痕を残すということです。それは、その人の魂の一部になる、ということなんですよね。そんな読書体験を味わっていただけたら、物書き冥利につきます。

たった一人だけ、気づいた人がいたんです。一人だけ、編集の方ですが、「中山さんがやりたいこと分かりましたよ」って言われて、なんですかと訊いて答えを聞いた時、図星を指されて「ああ、知られてしまった」と思いました。老舗《しにせ》の編集の人はすごいなと思いました。それからは、ちょっと控えるようになって、隠すのが上手になりました。でも、それは僕だけに限らず、小説を書いている人はみんな多かれ少なかれ、人には言えない企みみたいなものがあるんじゃないでしょうか。僕もそうですが、自分で言うのは恥ずかしい。でも読む人が読んだら必ず分かる、暗号で書いたラブレターみたいなものです。指摘された時は恥ずかしかったけれど、でもちゃんと伝わっていたんだなという嬉しさもありました。見抜いてくれたのはその人だけでしたけれど。たぶん、僕のことを全部理解しているのは僕じゃないんですよ。だって自分で自分が分からない時だってありますから。自分よりも自分を分かってくれる人がいるとしたら、それは嬉しいですね。

古い価値観・新しい価値観

僕は社会派のミステリーを書いている時でも、**物語に自分の価値観を入れたことはな**

いですね。そもそも自分の考えや思想を小説に反映させたいとは思っていません。このテーマを掘り下げるにはこういうキャラクターにしよう、と決めた時点でキャラクターがどういう考え方をする人間か設定しますから、それが揺らぐことは一切ないです。

僕が今感じているのは、**「作者が前に出すぎ」問題**。そこに帰結するんです。ある作家さんは自分が正しくて絶対だと思っているから、物語の中に自分の主張をバンバン入れていても恥ずかしくない。僕がそれをできないのは、**根底に自分は正しくないと思っている**からです。ですから僕の書くものって、そんなに偏向していないんですよ。偏向しているのは登場人物だけ。

昔に比べて世の中が変わったことは感じますし、それは小説に反映されているとは感じます。たとえば現代ミステリーを書く時に家父長制度を持ち出すんだったら、家父長制度の弊害を書かなきゃ意味がないじゃないですか。それはみんな分かっているし、自然とやっているんですよ。時代物を書くにしても、そこには必ず今の時代の思想なり、問題なりが内包されているに決まっています。**大上段から振りかぶって主張する必要はない**んです。自然にやっていればそうなるんです。

思想や書きたいことを小説に入れるのが駄目と言っているわけではありません。ただ、書きたい考え方があったとして、その考え方が偏っていないかどうかは考える必要がありますね。偏りのない考え方は大切です。でも今は、新しい価値観がどんどん提唱されていく時代です。女性差別や性差別、人種差別といった普遍的なテーマについては、僕はわりと真摯なつもりではいます。考え方の根本にマイノリティに寄り添うものであれば、僕はそれに寄り添いたいと思っています。でもそれが過激になって、誰かに損害を与えるものになったら、そこには疑問を抱きますよね。これ難しい問題なんです。僕もよく小説の中に書きますが、「正しいこと」と「望ましいこと」って別なんですよね。そこにはいろんな複雑な要因が絡まっている。特に急激に盛り上がってきたムーブメントについては、ちょっと猜疑心を抱きます。なぜかというと、それがいかに正論であっても、あまりに過激だと揺り戻しがくるからです。それが怖い。どんなに正しいものであったとしても、それを訴える方法を間違えたら、必ず近い将来カウンターがくるはずなんですよ。それは警戒しないといけない。

僕が心配しているのは、正しいことはやるべきだけれど、やり方を間違えると危ないよなっていうことです。今現在、あまりに尖《とが》った正論ばかりを言いすぎたために逆襲にあっている人たちもいるんですよ。もちろん不公平だとか差別といったことは撤廃されなきゃいけないけれど、感情に任せて行動すると必ず失敗する。正しいからといって、感情的になってどんな発言をしてもいいというわけじゃないでしょう。それに、自分の意見が完全に正しいなんていうのはおこがましいですよ。それが世の中にとって受け容れられやすいかどうかは考えなくちゃ。

もっというと、人々がケンカするのって、お互いに自分のほうが絶対的に正しいと思っているからでしょう。正しいかどうかではなくて、好ましいか好ましくないかで考えたほうが、物事は分かりやすい。さらにいえば、「自分は正しくない」と自覚した時に道は開けるんです。だって自分が正しくないと思っているなら、批判されたら考え直すことができるし、修正することができる。正論は正しいけれど、それを振りかざすことは正しくない。だから僕はいつも思っているんですよ。**自分は正しくないし、多数派でもない。でも、常識だけはある、**って。

世の中がいろいろ変わってきた中でひとつ言えるのは、何かを突破するには感情が必要ですが、**物事を進めるには理屈が必要**ってことです。それを間違えると、進歩が失敗したり遅れたりするんですよ。物事をちゃんと進めるためには、ずる賢くなくちゃ。ずる賢いというのは悪いことじゃないんです。

僕はとんでもない常識人

ミステリー小説の謎のように、**突拍子もないこと、不条理なことを考えるには、普通の思考能力を持っていないと駄目**なんですよね。常識人であればあるほど、あるいは常識を知っていればいるほど、非常識を作ることができるんです。これを言うのは恥ずかしいですが、僕は、自分のことをとんでもない常識人だと思っています。あら、今笑いましたか？（笑）

おかしなことを考えられるのは、常識があるからだと思います。常識があるからおかしなことが分かるってことです。よく、「俺は個性的だ」と主張する人っていますが、そういう人の話ってそれほど面白くないんですよね。だって、誰かにとってびっくりするようなことや非常識だと思うことは、ある人にとっては常識だったりするでしょう？

その落差が大事なんです。だから、多くの人がびっくりすることや非常識だと思うことを発見するには、**自分がフラットじゃないと無理**だと思うんですよ。僕も考え方はフラットでいきたいんです。だから僕はSNSをしませんし、右だとか左だとかいった思想は持たないようにしていますし、何かの宗教には加担しないようにしています。

第三章　ミステリーをより面白くする

冒頭で読者の心を掴むには

「この野郎と侯爵夫人は言った」という有名な書き出しがあります。まあ、ジョークなんですけれど。一行目で興味を持ってもらえたら、勝ちだなってことです。それで僕は御子柴礼司《みこしばれいじ》のシリーズの一作目『贖罪の奏鳴曲《ソナタ》』の最初の一行目は「**死体に触れるのは、これが二度目だった**」という一文にしました。その死体を処理しているのが実は弁護士である、などと情報を小出しにしていって、読んでいる方の興味を引こうとしたんです。

ただ、最近はそれだとちょっとあざとすぎるかなとも思うようになりました。以前は「ミステリーは最初の五ページまでに死体を転がせ」みたいなことも言われていましたが、最近はあまりそれにこだわってはいません。

今はそれよりも、**感情移入しやすい人間を最初に出す**ようにしています。たとえば、あまり人にない性癖を持っているとか、その人物の台詞だったり格好だったり、あるいは考え方がちょっとひねくれているなとか、でも魅力があるな、みたいなものを最初に出すように心掛けているんです。最初の一行でなく、二行でいいんです。**最初の二行で**

「おっ」と思わせるような書き出しを考えます。

僕が言う感情移入というのは共感しやすいとか読者に近い存在ということだけではなく、興味を引きやすい、という意味合いも入っています。ミステリーって難しくて、あんまり感情移入してもらったら困る場合もあるんです。それ自体がトリックになる場合があったりするので、作品の傾向によって主人公のキャラクターは書き分けています。

感情移入しやすいキャラクターの作り方

これは一言で表すのが難しいんですけれど、例を挙げれば、**「私にもこういうことがある」**と思えるものの最大公約数を入れるというのがひとつめ。ふたつめは、逆に**「私こんな体験をしたことない」**っていう面を主人公に加えておく。それは作品によって書き分けています。

たとえばエキセントリックなキャラクターが主人公の場合には、最初からドンと奇天烈な面を書きますし、逆に市井の人が主人公になる場合は、それはせず、「私にもこういうことがある」とか「実際に似たような事件があったな」というエピソードを入れます。そうすると、読者は作品世界に入っていきやすい。

『連続殺人鬼カエル男』は残虐な殺人事件が起きる話で、最初に**こんなひどい話があるのか**というところから入っていく書き方をしましたけれど、**『護られなかった者たちへ』**のように**普通の人間が主人公**の場合にはそういうことはしません。作品全体を考えれば、最初はこういうカラーで始めるってものが決まってるんです。

市井の主人公を書く時に、読者に「気持ちが分かる」と思わせる最大公約数を探るには、これは自分でキャラクターになりきるしかありません。たった今会社の上司に辞表を叩きつけてきたとしたら、そういう時の気分はどんなものか、主人公になりきって演じる。自分で台本を書いて自分で演出して自分で演技するしかないですよね。僕の場合、こういう時の気分はこうだというのが文章で浮かぶので、それをプロットや原稿に落とし込んでいきます。

エキセントリックな主人公の場合、読者が魅力を感じてくれるかどうかの塩梅《あんばい》が必要です。どんなに汚い言葉を吐いても行動に倫理性がある人とか。結局人間って、その人となりを示すものは行動じゃないですか。どんなに嫌われること、どんなに耳をふさぎたくなることを言っている人でも、行動だけはまともで紳士的だったら読者は興味を持ってくれます。それこそツンデレってやつです。逆にどんなにきれいごとを言っていても行動が伴わない主人公だったら読者に「この野郎」と思われてしまいますね。

つまり**キャラクターの見せ方の順番も重要**なんです。人間って結構欠片の部分とか、十あるうちの一の部分に目がいく習性があって、性格は最悪だけどたった一言だけでも真摯な言葉を吐くと「なんだいい奴じゃん」と思うんです。逆に好青年でも一回だけ人倫にもとることをしたら「下衆野郎」と思う。だから僕の小説で嫌な奴だと思わせたい時には、さんざん好青年を演じさせておいて、最後にひどいことをぽろっと言わせます。そうすると印象ががらっと変わります。

ホームズとワトソン役は必要か

僕に限らず、数多《あまた》のミステリー作家がホームズ役とワトソン役を登場させていますよね。サスペンスのような、自分自身の問題を解決するミステリーではワトソン役は邪魔になるんですよ。逆に、他人の事件を捜査する時には探偵役の人間があんまり喋るとネタバレになっちゃうし、どんでん返しも作りにくくなるのでワトソン役を登場させて、違う見方を作るんです。ワトソン役が間違った推理をするとか、探偵が何を考えているのか分からない状況とか。それはもう鉄則みたいなものです。バディものの何がいいかというと、ワトソン役に主人公の人となりや行動を代弁させることで、読者に自分が主人公に寄り添っているような感覚を与えられること。

ホームズ役とワトソン役のキャラクターの組み合わせはどうするか。海外のミステリーではワトソン役だと思っていたら実はホームズだった、みたいなものもありますよね。ウッドハウスの「ジーヴズの事件簿」のシリーズとか。そのように、ワトソン役がちゃんとできていると、それを逆手にとることもできるんです。それを最後に明かすという方法もあります。さらにいうと、バディものは裏切りという展開も作ることができる。いろんなバリエーションが作られるので、僕も好んでいます。

人物名を考える

登場人物の名前はどのように決めるのか。物語やキャラクターを作るのは簡単ですが、名前は本当に難しい。なぜかというと、名は体を表すというじゃないですか。物語を引っ張っていく魅力的なキャラクターに山田太郎なんて名前をつけられるのは、水島新司さんくらいですよ。

名前だけで人となりをなんとなく想像できる名前にするのが理想です。でもこれが難しい。僕の小説の主人公でいうと、**岬洋介**だとか、**御子柴礼司**だとか、**犬養隼人**《いぬかいはやと》というのはまあまあな名前だと思うんですけれど、そんな名前が次々に思いつくはずもなく、新シリーズを作る時には苦労します。なので、デビュー十年目の記念キャンペーンでは、「応募された方の名前をそのまま小説に使います」という企画をやりました。読者サービスであると同時に、自分で名前を考える手間を省きたかったからです（笑）。その時は主要人物以外の登場人物の名前を全部、応募された方の名前にしました。十二か月連続刊行だったので、十二作全部、九十八名分の名前をいただけたので助かりました。

自分で考える時はどうしているかという話ですよね。**漢字ひとつでイメージは湧く**ので、それを利用するんです。たとえば厳格の「厳」という字の入った名前だったら、それだけでいかめしい顔が思い浮かぶ。つまり、その人となりをイメージしやすい漢字を使うんです。でもそれがまた難しい。三日三晩で考える時、名前を考えるのが一番時間がかかっているかもしれません。その結果なのか、気がつけば僕の小説の登場人物って珍しい苗字が多いんですよね。でも調べてみると実際にある苗字だったりします。

もっというと、**名前が決まった段階でキャラクターが出来上がる**んです。そこまできたらあとはトリックを考えるだけです。

飽きずに読んでもらうには

読者を飽きさせないために、**全体や各章を起承転結で分割する**話はしましたね。プロットを立てる段階で起承転結を細かく分けて、お客さんの呼吸をコントロールする。それがまず大事です。

場面転換のタイミングも大切です。アマチュアの方で、ひっきりなしに場面転換する人っているでしょう。あれやっていると読者はついていけなくなる。映画やテレビの真似してカットバックを多くしてコロコロ変えているんでしょうけれど、読みにくいだけなんです。そうではなく、長篇五〇〇枚だったらシーンをいくつにするかは最初から決めておかなきゃいけない。ちなみに**長篇五〇〇枚の場合、ひとつのシーンに最低原稿用紙十五枚は必要**だと思っています。それより短いとあっけない印象になります。逆にひとつの場面が長すぎると感じることもありますね。僕も長くするだけの理由がある場合は長くしますが、たとえば**二人の人間が喋っているシーンって十五枚の長さがギリギリ**なんですよ。それ以上続くと別の効果が作用してきます。さっきまで冷静に話していたのに途中で相手が激昂したとか、激昂したところを見てこいつの違う面を見たとか、会話の中で展開があるなら分かります。**長篇小説の最低必要条件は、冒頭と最後でその人間が変わっているか、あるいは世界が変わっていること**なので、だったら長い会話の場面を描くなら、その中でじわじわと、その人間なり世界なりが変化しているようにしなければ退屈なんです。

序章やプロローグは必要か

新人賞の応募原稿では、序章やプロローグを入れる方が多いと聞きます。それは素人さんが格好つけでやっていることが多い。プロローグって、本篇を全部読んだ後で、あのプロローグはこういう意味で入っていたんだなと納得させられない限りはつけないほうがいいです。エピローグは結構つける意味があるんですよ。一応話は終わったけれども後日譚を知りたい人のためにちょっとだけ書くよ、という読者サービスの意味合いがありますから。でも**プロローグは、よほどの意味がない限りつけないほうがいい**です。

僕が今までにプロローグをつけたのは二作だけです。まず、音楽シリーズの二作目『**おやすみラフマニノフ**』です。あのシリーズは作品の傾向として殺人も犯罪も起こらないんですが、二作目の時に編集者に「やっぱり最初に事件を起こしてください」って言われたんです。それでプロローグで事件を起こしました。中間に出てくる事件を最初に持ってきて、本篇に入ると実は一か月前からこういうことがありました、と分かる構成です。つまりちょっと時制を変えただけなんですね。でも後で読んで分かったんですよ。こんな風に入れるのはやはり、新人かヘタクソの証拠だなって。

プロローグから最初の第一章に移った時に、時制も登場人物も変わる場合が多いと思いますが、そこでワンクッション生まれてしまうんですよ。このワンクッションが致命的になることが多い。そこで読むのをやめちゃう人もいるんです。だからプロローグでよっぽど興味深いことを書かないと駄目なんですけれど、それをやりすぎると今度はプロローグと第一章の繋がりがなくなっちゃうので、上手い処理をしないと水と油をくっつけたみたいな話になってしまうんです。上手い人間がやれば本当に効果的なんですけれど、まあ慣れない人はプロローグはやめたほうがいい。

長篇では主要人物か世界を変化させる

長篇では、全体を通して登場人物なり世界なりが変化することが大切です。やっぱり長篇小説って誰かの成長譚だったりするじゃないですか。**本を読む人が求めているのは疑似体験**です。「長い話を読まされたのにこいつ全然変わってないじゃん」となったら、そりゃ読者は本を放り出したくなりますよ。やはり世界が変化するか、人が変化するかでないと、長篇にする価値はあまりない気がします。

もちろん、主人公が変わらないケースもありますね。ただその時は、主人公は狂言回しにならないといけない。で、主人公が狂言回しの場合はそれこそ、その人をワトソンにして、側にシャーロック・ホームズのような奇妙な人間を置く。それで、その奇妙な人間と原稿用紙五〇〇枚分付き合ったら自分にも変化があった、という展開になるのがいいですね。**なんの変哲もない人を主要人物に使う理由**ってそこしかないんですよ。主人公が狂言回しなだけで、周囲にホームズもいない場合はなんの感動も起きない。狂言回しというのは、何かが起きた時にどう感じたか読者と共有するという役割があるんです。無感動な人間が狂言回しをしているとしたら、それは単なるナレーションです。

伏線や手がかりの作り方

ミステリーをより面白くするには、**手がかり、伏線、トリック、どんでん返しなどに工夫は必要**です。何度も言いますが、それらはなるべく話の冒頭のほうに持ってきたほうが意外性があります。意外性っていうのは落差から生まれますから。その落差というのは、読者が思い描いていた人物像とまったく違う人物像であったとか、読者が想像していた世界観とまったく違った世界観だったことが分かったとか、あるいは探偵役がふっと出してきた手がかりが、実は冒頭のほうですでに提示されていたものであったりすること。そうすれば、みなさんにびっくりしていただける。

さらに驚いてもらうためには、それらを冒頭のほうに出したとしても、「これは伏線」「これが手がかりだな」と気づかれないよう、目立たなくすることが大事です。これは二通りあります。ひとつめは、あくまでもさりげなく置く。ふたつめは、いわゆるレッド・ヘリング、わざと違うものを伏線っぽく置いておくんです。トリックの内容よりも、そういった情報の出し方のほうが大事な時もあります。だから最初のプロットの段階で、この伏線はここに仕込む、あるいは真実に近づくための情報はこういう出し方をする、などと考えておくとわりと面白いミステリーが書ける気がします。下手な人というのはそういう方法論をまったく無視して、いきなり手がかりが現れたりする。

へんなたとえになりますが、小説の中になんの前触れもなくいきなりネズミが出てきたら唐突に感じる場合があるとするじゃないですか。その場合は前もって、小さな毛が落ちているとか、夜中にゴソゴソ音がするとか、そういったことを書いておくんです。それが伏線というものです。ただその伏線と、実際にネズミが出るシーンが近いとあまり驚かない。だったら天井から足音がするというのを冒頭に持ってきて、原稿用紙二十枚くらい進めて読者がその情報を忘れた頃に、扉を開けたらそこにネズミの大群がいた、と書いたほうがびっくりするし、「ああ、そうだったのか」と思ってもらえる。

小さな謎があって、それが明かされるとまた別の謎が生じていく、という書き方もあります。アガサ・クリスティーの名作といわれるものの特徴はまさにそれで、真ん中に大ネタがあって、その周りを小ネタが囲んでいるんです。小ネタのひとつひとつを潰していくと、最後に大ネタがボンと出てくる。小さなネタと大きなネタがシームレスに繋がっているのが理想で、それが上手いのがクリスティーやクイーンですね。

伏線の敷き方もそうで、読んでいる時はバラバラの情報でしかないのに、後から考えたら全部繋がっていたんだなと分かるのが理想です。これもやっぱり最初のプロットの段階で何をどこにどう置くのか、出来事と時間と場所、この三つをちゃんと考えておかないと不発弾になります。ただし普遍的なコツなんてないです。繰り返しになりますが、**名作も駄作もたくさん読んで、自分で感覚を磨いていくしかない。**

つまらないどんでん返しにならないために

実は僕は、**どんでん返し**はそんなに大事だと思っていません。**アクセントのひとつ**

らいとしか考えていない。デビューして数作目の頃に大森望さんが「どんでん返しの帝王」という名前をつけてくれたのでそういうイメージが出来てしまっただけで、僕自身はどんでん返しはなくてもいいと思っています。版元から「あったほうがいい」という注文がくるので書いているだけのことです。

どんでん返しでもやはり、大切なのは落差です。読者が思い込んでいることと明かされる事実に落差があればあるほどびっくりしてもらえますから。

つまらないどんでん返しもありますよね。急に登場人物の性格が変わって、それまで品行方正だった人が土壇場になって「ひゃっはー」とか言い出して(笑)、犯人だったりする。そんなのは後出しジャンケンもいいところです。それをやるんだったら伏線を敷いておいたほうがまだマシです。

たとえば初期の横溝正史の作品には、誰が犯人でもありうるパターンがありますよね。逆にいうと、どの人が犯人でも驚かない。Aが犯人だと思ったらBだったというどんでん返しがあっても落差が感じられないんです。それが名作たりえたのは、見せ方が上手いからなんです。犯人像は意外でなくとも、財産目当ての殺人かと思っていたのに実はまったく違う動機だったと分かるなど、**読者がそれまで思い描いていた風景とはまったく違う風景を表出させる**んですよ。だから驚く。

必要なのはフーダニットよりホワイダニット

やっぱり重要なのは動機なんです。せっかくどんでん返しで予想外の人が犯人だと分かっても、その動機に納得できなかったら読者は釈然としませんよね。その場合大事なことがふたつあって、まずひとつは、**読者がまったく予想していなかった動機、あるいは完全に忘れていた動機であること**。もうひとつは、その動機で人を殺すかどうかの必然性。だって、「こんなことで人を殺したりしないよな」という動機だと一気に白けますよね。だから本当に一番必要なのは、フーダニットよりもホワイダニットかなと思います。そのホワイの使い方で、いくらでも意外性は作ることができる。

ただ、新本格の密室ものなど完全にゲーム感覚のパズラーの場合は、わざわざ不合理な設定にしたりしているので、動機の重要性はまた違ってきます。ミステリーの中でもジャンル的な住み分けがあるので、多少動機がおかしくてもトリックが見事なら成立してしまう作品もあれば、逆に中途半端な動機じゃ駄目だよという、リアリティに根付いたミステリーもあるんです。考え方を変えると、それだけ裾野が広がったということですね。ですから、最初に「これはこういうミステリーです」と提示しておけば、裏切り感は少ないでしょうね。それは出版社のカラーやレーベルでもだいたい分かれますね。たとえば東京創元社から出るミステリーと講談社から出るミステリーは似ているようで違うでしょう。書くほうも「これは東京創元社から出すからこういう風にしよう」「今度はKADOKAWAから出すからこういうようにしよう」と考えて書いています。

文章に緊張感を与えるには

文章の緊張感については、これから投稿しようという方も新人になったばかりの方も、ミステリーを書く方はみなさん抱える悩みだと思います。これにアドバイスするなら、まず、あなたの**原稿をゲラの状態で見直しましょう**。僕はいつも原稿用紙と同じ20字×20行の体裁で書いていますが、それとゲラの字組みになったものでは印象が違うんです。ですから書き終えたら、まず自分の書いたものをゲラの形にします。単行本見開きでだいたい、43字×36行くらいですかね。20字×20行で書いていた時の緊張感とまったく違うのが分かります。

その状態からどうやって緊張感をもたらすかというと、ぱっと見た時の漢字の並び方だったり、改行の仕方だったりと、いくつでもテクニックはあります。文字の部分が長々と続くようだと緊張感も続かないし、逆にアクションシーンで効果音をポンポン並べたところで緊張感は生まれない。地の文と台詞の割合や長さ、漢字を開くか開かないか、それらは全部緊張感に関係してきます。

ただ、鉄則はないんです。いろんな作品を読むと分かりますが、作家さんごとに個性があって、同じ緊張感を持っていたとしてもAの作家さんとBの作家さんではやり方が全然違ったりする。それが作風。その人の文体です。極論を言うと、緊張感は呼吸するのと同じような、その作家さんの生理によってもたらされるんです。

たいていの方はデビューした時の文章と三作目を過ぎた時の文章は明らかに違います。それはなぜかというと、緊張感の出し方をある程度学習したから。デビューした時っていわゆる若書きみたいなもので、書きすぎなことが多いじゃないですか。それが二作目三作目四作目にいくに従って削れていく。書いているうちに、「この部分は無駄だ」と分かるようになるんです。で、**無駄を削っていくと緊張感が出る**。これぱっかりは実作を重ねていかないと分からないところがあります。

ただひとつ言えるのは、記号を少なくすると緊張感が出るってことです。「……」とか「！」とか「？」といった記号は便利だけれど、それを使うことで緊張感が削がれることは確実にある。今僕が心掛けているのは、五〇〇枚の長篇の中で**「！」や「？」といった記号を使うのは一回か二回にとどめる**こと。「……」はどんなに多くても片手くらい。

一文の長さも緊張感に影響します。僕は地の文はゲラの状態にした時に五行くらいになるようにしています。その五行の中で説明過多にならないように考え、台詞部分も必要がない限りはゲラにした段階でやはり三行以内にしています。台詞も地の文もそれ以上延びてくると、内容如何《いかん》ですが、やっぱり緊張感が削がれていきます。逆にここは緊張感要らないよね、という時はわざと長くしたりしています。

単純に起承転結を考えた場合、起承転結それぞれに緊張感の持続法があります。書く側にも、読者にここは緊張してほしい、ここは緩めてほしいという意図がある。それを文章の長さだとか、言葉の使い方で調整するんです。そうしないと、読者さんはこちらの思うように読んでくれないですから。

全体や各章の「起承転結」を「起承承転結」にしたり「起承転転結」にするという話はすでにしましたが、僕はユニットごとにそれぞれの役割を持たせ、全体を見た時に緩急をバランスよく配置したような形を考えます。なぜそれをするかというと、**なるべく一気読みしてほしい**から。だからいろいろ研究しました。一気読みしてもらうためにはどういう配列にしたほうがいいのかはストーリーやテーマによって違ってきますが、プロットを立てる時は必ずそれを計算しています。

スピード感を持たせるために、短い文章で毎回改行する人もいますよね。そうしたい気持ちは分かるけれど、却って緊張感が持たないと僕は思います。人がなぜ緊張するかというと、弓と一緒で、緩めて引っ張るから。緊張させるためにはどこかで弛緩させなきゃいけないんです。短い台詞をぱっぱっと並べるのもひとつの手ですが、それだと引っ張った時の効果があまり出ません。そうしたこともゲラの状態にして読むと分かります。

一文が長い人もいますよね。野坂昭如さんのように句読点も少なく長々と書く人もいる。これはその人の作風、作者の生理、呼吸によるものです。こういうことをこういう風に伝えたいという時に自然にそういう文章になっていくんです。ということは、それをある程度認識することで、自分の文体は確立されていくんでしょうね。

ちなみに僕が20字×20行で書いているのは単純な理由で、原稿用紙と同じなので計算が楽だから。だいたい一般文芸は小説の長さを原稿用紙の枚数で表すことが多いんです。ライトノベルの方や、ネットで小説を書いている方は文字数で表すそうですね。一〇〇〇〇〇字とか一五〇〇〇〇字とか。なので、今話したことがそういう方に応用がきくのかは分かりません。ネットに小説を書いている方はゲラでの見え方よりは、スマホの一画面でどのように見えるかを考えたほうがいいでしょうし。

そういえば昔流行った携帯小説って、書籍化した時に改行ばかりで空白が多くてスカスカでしたよね。そう考えるとネット発の小説が書籍化されてもシリーズ化されずに終わることが多い原因はそれが関係しているかもしれません。ネットで読むには最適な体裁でも、書籍化したとたんに不良品に見えてしまうということです。ですから、ネットに書き続けてそれに慣れてしまうと、いわゆる紙ベースの書籍の本は書きづらくなるかもしれません。逆もあって、一般文芸の書き手がSNSに何か小説を投稿したら、たぶん読みづらいと思われるでしょう。きっと、まったく違う文化なんですね。そのジャンルを選ぶのではなく、ジャンルがその人を選ぶことになる。

どこで書き始めるかでその人の作家人生はある程度決まってしまうわけです。一般文芸を目指す人はやっぱり、ネットに発表して拾い上げてもらうことを期待するより、公募の新人賞に出すのがいいと思います。

中山七里の文章の特徴

僕は、自分の文章のクセを二作目で理解しました。僕はともかく読点、つまり「、」が少ないんです。普通の日本語のルールからいうと文章が長くなればなるほど読点は多くなるはずなんですよ。でも、僕はあえてそのルールを外しています。それはさっき言った通り、緊張感を持たせるため。国語の範囲内でいうと、読点を打つ場所はわりと厳格に決められているんですが、それをそのままやっちゃうと平坦な文章になってしまうんです。だから**あえて読点は打たない**。それくらいは許されるかなと思っています。

センテンスに隙間があると緊張感が削がれて、一気読みする時の障害になるんですよ。ただあまり長いセンテンスが続くとそれも緊張が持たないので、箸休めに台詞を入れたり、もっというと漢字ばかりが続くと目が疲れるのでちょっとひらがなを多くしたりします。また、「そして」「それから」「それ」「あれ」といった接続詞や指示代名詞は使えば使うほど間延びするので、それも減らします。**一ページに指示代名詞がふたつあったら考え直しますね**。そうやって極力少なくしておけば、ここぞという時に指示代名詞を活かすこともできます。

傍点も避けますね。傍点って要はここに注目してくれっていう意味でしょう。僕にしてみればそれを多用するなんてヘタクソの限り。そこを目立たせるためには他の手法がちゃんとあるのに、それを使わずに傍点だけですませようとしているんですから。そうではなく、**強調したい文章が浮かび上がるように前後の文章を調整すればいいんです**。

たとえば、かなをずっと続けて、そこだけ難解な漢字を使う、なんていうのもひとつの手です。他にも結構方法はあるものです。

傍点や記号をやたらと使うのは楽しようとしているからです。**作者が苦しめば苦しむほど読者は喜びます**から、作者が安易な方法で楽しようとすると、読者は飽きる。書く時に楽をしたら絶対に駄目です。

記号について

もう少し具体的な説明をしましょう。記号は使う回数によって、読む人の緊張や緩和をある程度コントロールできるので、アクションシーンには若干使います。でもそうではない時は、僕は記号はなるべく控えるようにしています。それによって緩急を作れると思うんです。

僕の小説はストーリーによって、「……」をちょっと使うものと、全然使わないものに分けています。法廷もの、たとえば『**テミスの剣**《つるぎ》』に関しては、ほとんど使った記憶がないです。逆にいうと、**音楽ミステリーや、余韻を残したいものに関してはあえて登場人物に「……」を使わせます**ね。

思わせぶりな台詞の時に使う人も多いですよね。ところがキャラクター造形が薄いと、思わせぶりなだけで終わってしまう。「……」を使うのは、書き手の表現力のなさに直結する場合があるんです。やたらと使用する人は、「ここはあえて文章で書かないけれど分かってくれるよね」という感覚で書いているんですよ。でも読むほうはエスパーじゃないから、「……」が並んでいるだけだと登場人物がただ沈黙しているとしか受け取りません。

「！」や「？」にしても、僕は他の表現方法があるんじゃないかと考えています。記号はしょせん記号なんです。文章じゃないんです。だからたとえば漫画の原作の場合には記号を多用してもＯＫなんですよ。コミックにした時にコマ割りやキャラクターの表情で全部表現できますから。でも小説の場合はそれが困難です。ところが書き手は表現を考えるよりも記号を使ったほうが楽だからついやっちゃう。特に疲れた時。僕はある時、自分にその傾向があることに気づいて、意識的に他の表現を探すようになりました。

漢字の開き、統一問題

　登場人物の名前もそうですが、僕は漢字を使うかひらがなにするかは、視覚情報で考えます。昔は本を音読する人もいましたけれど今はほとんどいませんから、**音の響きよりも視覚情報を優先します。人の名前だったら発音は難しいけれども象徴的に見える漢字を使ったほうがいい**と思いますね。

　漢字の開きについては、全体を統一するべきか、箇所によって開いたり閉じたりするのかと迷う方もいると思います。版元さんによってはすごく厳格なところもあって、統一しろと言ってくる。それはしょうがない。でもできる範囲で、「ここはこうしてほしい」と主張は通します。それと校閲さんからの指摘をエンピツといいますが、エンピツは「絶対にこうしなさい」ということではなく、あくまでも「こうしますか？」という提案です。校閲さんは、念のために指摘するのが仕事なんです。なので、**「ママ（そのまま＝訂正はしないの意味）」と書いて返せばそれでいいん**ですよ。

　ついでなので、校閲さんからの指摘をどうとらえたらいいかを言っておきます。**指摘された修正案を出された時、それを言われた通りに直すのでなく、また別の修正案を出そ**

うと考えられるかどうか。それはやっぱり**書く人の腕の見せ所**です。どうしてこういう指摘をされたのか考えてみたら、指摘されたところより別の箇所に問題が見つかったりするわけですよ。ですから指摘されたことについて丁寧に考える姿勢は大切です。

僕の小説ではなく人から聞いた話ですけれど、最近、校閲さんがすごく神経を尖らせていらっしゃるのが、特定の病気や思想、民族といったものに対する記述だそうです。そういうところで指摘を受けたということはよく耳にします。それは作者の考え方が如実に出ている可能性が高い。ですから全体の構成から考え直したほうがすっきりするんじゃないかと個人的には思います。

一行アキの使い方

一行アキは、時間経過を表したい時に使う人がほとんどですよね。僕はそれ以外に思いつかない。厳密にいうと一行アキを時間経過以外に使う場合もあるんですけれど、それは効果を考えてからじゃないと使ってはいけないんです。記号の多用と一行アキの多用ははてしなく素人の文章になる。それを逆手にとって、素人の文章をトリックに使う時はそれを使用するんですけれど。僕、毒島《ぶすじま》シリーズでそれをやっています。

文体・一人称と三人称

一人称にするか三人称にするかはトリックを考える時に決めています。ミステリーの場合は一人称と三人称の使い方自体がトリックになりますから。最初から最後まで一人称で通すのか、それとも途中で三人称を差し込むかというのも、トリックに関わってくることです。ミステリーの場合、一人称のつもりで読んでいたら三人称だったり、三人称だと思っていたら一人称だったという仕掛けをどんでん返しに使っている作品もあります。

一人称の場合、「信用ならない語り手」問題もありますね。これはもうアガサ・クリスティーの作品にありますよね。嘘は書かないけれど、フェアとアンフェアのギリギリの境界線で、隠すものは隠して書く。そういう方法もあります。

人称をどのように決めるかというと、まず、自分でカメラを持つ。このカメラが向いたところだけを描写するのが一人称。レンズを広角ワイドにして写るものを描写するのが三人称。どちらを書くべきかによって、おのずと人称は決まってきます。これを意識的に行わないと、どこかでポカを起こします。カメラをあまり気にしなくてもいいジャンルもあるだろうし、逆に純文学なんかは作者の考えを提示していかなくてはいけないから、ちょっと特殊なカメラが必要になってくるでしょう。いずれにせよ作品によって使うカメラは限定されてくるので、それを考えながら書かないと、あとで全部修正しなくてはいけなくなる。だから**最初のプロットの時にカメラは決めましょう**。

小説をはじめて書く人は一人称を選ぶことが多いそうです。でも書いていくと分かるんですが、一人称って結構難しい。それが分からないからアマチュアなんです。一人称は、手持ちカメラで見えるところしか書けないでしょう。でもアマチュアはカメラを使い慣れていないから、ある時カメラを放り投げて、天の方に視点を置いて神様目線で見ちゃうんです。でも自分ではそれに気づかない。読者は混乱します。

三人称は神の視点と似ているようで違います。それをごっちゃにしちゃっている人が多い。それもカメラの問題で、どこまで描写するか、その描写する範囲で三人称なのか、神の視点なのかは違ってきます。細かく説明しようとすると時間がかかるんですが、これもやっぱり数多く読んで自分の中に蓄積するしかないですね。

最近多いと聞くのは、三人称だけれども視点が主人公になっている三人称。その書き方だと整理するのが大変だと思います。それよりは、やっぱり最初にどこかにカメラを固定したところで書いたほうが楽で分かりやすい。何が正しい、間違っているではなくて、分かりやすいかどうかということです。

多視点ものもありますよね。視点が多くなればなるほど、話はバリエーションに富むんですけれど分かりにくくなって、収拾がつかなくなりやすい。**多視点は五〇〇枚以上の長篇ならあり**だけれど、それを一〇〇枚でやるのはどうなのかという。一応短篇というのは原稿用紙一〇〇枚までの作品を指しますが、短篇なのに視点を三つ以上使うと無茶苦茶になってしまうんですよ。語るべき内容の枚数は決まっていると言いましたが、その枚数に合わせて視点も数も決まってくるんです。それを分からずに書くと、台無しになります。それは読んだ瞬間にとりとめもない印象を抱きます。

あとはあまりにも視点が多すぎると、どこに持っていきたいのか分からなくなって感情移入が難しくなる。結果、読んで「この人は何が書きたかったの」となってしまうんですよ。**本当に上手い人って、視点をいくつ変えても話の構成は変わらない**んですね。きっちりしているんですよ。まだ慣れない人は多視点にするかはちょっと考えたほうがいいかもしれません。特にアマチュアの方の作品は、どの視点人物も文体が同じだったりするので、誰のパートか分からなくなります。そこで書き分ける工夫が必要になります。

多視点で多くの人が登場して話が進んでいたのに中途半端なところで出番がなくなる人がいて、読み終えた時に「あの視点人物は結局どうなったんだろう」と思うこともありますね。多視点で書きたい人って、本人は群像劇が作りたいんでしょう。グランド・ホテル形式ともいいます。でもそれだったら出てくる人間の話を最後まで書かなかったら群像劇にならないんですよ。ところが最後のほうになって自分でも収拾がつかなくなって、メインの一人か二人くらいの話で終わってしまうんです。グランド・ホテル形式を使うんだったら、最後までグランド・ホテル形式で終わらせなくちゃ。

説明するな、描写しろ

書き慣れない人が**つまずきやすいのが情景描写**です。僕から言えることがあれば、**「説明するな、描写しろ」**の一言につきますね。単に街中の様子を書くのであっても、ここにこれがあります、あそこにあれがありますではなくて、この建物からこういう服装の人が出てきた、と書くだけで季節や場所を表すことができます。読んでいる人の心にちゃんと像が描けるような書き方をしなかったら、それはダラダラした説明にしかならないんです。もっと言えば、**「状況説明を台詞でやるな」**。よく、今自分の置かれている状況を台詞で説明しようとする人がいます。それは大昔に新井素子さんが発明したやり方で、新井さんがやれば面白く読めるんだけれど、他の人がやったら無茶苦茶になるからやめましょう。

一方、登場人物の性格は台詞で表現した方がいいでしょう。地の文で「この人はこういう性格だ」みたいなことをやったら駄目です。それを間違えている人が多いんですよ。だから薄っぺらい話になってしまうんです。読者は小説を読んでいる気にならないですよ。シナリオとか、あらすじを読まされている気になります。

なぜそうなる人が多いかというと、描写するより説明したほうが楽だからでしょうね。でもそれはとんでもない話。繰り返しになりますが、書き手が苦労するほど読み手は喜ぶ。逆に、書き手が楽しようとすると読み手はすごく辛いってことです。

リアリティを出すための工夫

僕はよく五感を使います。普通小説に書かれることは視覚情報が多くて、匂いとか味とか皮膚感覚ってあんまり出てこないんですよ。でも、たとえば冬の寒い時に「雪が降っている」じゃなくて、**「ふと見たら産毛が立っていた」**といった書き方をしたほうが、読者の五感にも訴えるものがあるでしょう。

いわゆる視覚情報だけじゃなくて、五感全部使った表現をしたほうがリアリティは出ます。匂いだって場所によって全然違うじゃないですか。その匂いだけで場所を特定することができるわけですよね。ヘレン・ケラーは同じ場所に立っていても昼間と夜とでは空気が違うと言っていました。**夜には夜の空気がある。昼には昼の空気がある。**それを書ければリアリティは獲得できると思います。それに視覚情報だけを書いていると読者は辛い。なぜかというと「見た」とかいった言葉がずっと続くから。そうではなく「こういう異臭が漂ってきた」「こういう肌触りがした」みたいなことが書けると表現がバラエティーに富むし、読者もあたかもその場にいるようなリアリティが獲得できると思います。だから僕はなるべく五感を駆使するような書き方を心掛けています。

会話文の注意点

説明的になりすぎず、テンポのよい会話文を作るにはどうしたらいいか。会話が続く場面ではよく誰の発言か分かりにくい時がありますよね。僕がよく使うのが**登場人物に一人、地方人を持ってくる方法**です。あるいは口調に非常に特徴のある人。ただしどれもこれもキャラクターに根付いていないとごまかしにしか見えません。

役割言葉ってありますよね。老人の台詞の語尾が「〜じゃ」だったり、女性の語尾が「〜だわ」だったりする、あれのことです。「今どきそんな話し方をする人がいるのか」という指摘もありますが、小説の場合は昔の女性の喋り方を書いたほうが読みやすい場合もあるので一概には否定できません。語尾だけいじくって話す人間を特定するのは一番簡単ではあるんです。でももっといいのは、この人はこういうことしか言わない、っていうのがあることです。たとえば、この人は絶対に躊躇しないというキャラクターなら、「～かしら」とか「なの？」という疑問符で終わる台詞は喋らせないとか。

もうひとつの工夫は地の文ですよね。「誰々はこう言った」「何々はああ言った」という文章を繰り返すと単調になるので、いろんなバリエーションを考えます。昔よくいろんな人がやったのが、「ここで誰々は煙草を燻《くゆ》らせた」とか「煙を吐いてこう言った」という描写。でも最近は煙草を吸うこと自体がタブー視されてそういう場面が書きにくいので、みなさんいろんな手を使っています。そこを嫌味なく、しかも飽きさせないように読んでもらうのが作家の腕なんです。もちろん僕がそういうことを上手くできているとは言いません。ただ、テクニックを使わずに台詞ばかりを羅列すると読みづらいよねってことは言えます。

さきほど地方人を一人出すという話をしたので、方言についても触れておきましょう。僕は大阪や宮城の話を書くことがあるのですが、ネイティブに近づければ近づけるほど、会話は文章にした時に分かりづらくなるんです。ですから匙《さじ》加減が必要ですよね。いかに標準語に近いような方言にするか。もちろん芥川賞を受賞した若竹千佐子さんの『**おらおらでひとりいぐも**』のように、全篇リズミカルな方言で書かれた素晴らしい作品もあります。でもあれはああいう話だから面白いのであって、それをエンタメでやろうとすると非常に難しい。だから純粋な方言ではなく、それっぽいものを作る。小説って別に言語学の講義をしているんじゃないのだから、そこまで正確にしなくても許してねっていう。ちょっと逃げに入っていますけれど、その小説のもともとの目的が別のところにあるんだったら、方言はちょっとくらい調整させてねって思います。

アクションのある場面の描写について

書き慣れていない人にとって難しい描写のひとつに、動きのある場面があります。たとえばアクションシーンで、どのように身体が動いて、対象物とどのような位置関係にあるのかを説明的にならずに書くにはどうしたらいいのか。

僕は**身体の筋肉全部を使います**。たとえば腕を伸ばしたら何かに当たってこういう痛みが伝わったとか、その痛みの伝わり方にしても指先から脳髄を貫いたなどと、これもまた五感に訴えるように書く。それが描写というものです。単純に「叩いた」「痛い」ではなくて、こういうような痛みがこういうような経路でここまで届いたっていう描写をすると、ああ、そんなに痛いんだって読者も思ってくれるはず。

動きの描写があまり説明的すぎると躍動感が出ませんよね。それでも説明的に書いてしまう人っておそらく漫画を意識しているんです。漫画ってアクションシーンを上から下から横から斜めから、いろんな角度から書くじゃないですか。それを文章にしようとすると説明的な文章になってしまうんです。一番楽なのは、その時こそカメラを固定するんです。**固定した上でズームとワイドにする。**そうすると文章にした時に分かりやすいです。

暴力描写で気をつけていることは

暴力シーンの描写については僕はギリギリアウトを狙っています。ギリギリセーフだとつまらないし、さらっと読んで流されてしまうから。読む人の限界をちょっと超えたくらいでないと最近はみなさん満足してくれないんですよ。だから、**「想像したら寝ら**

れなくなる」くらいのところを考えます。**『連続殺人鬼カエル男』**や**『ワルツを踊ろう』**なんかはそうですね。とりあえず想像すると眠れなくなるくらいでちょうどいいと思っています。

ただ、暴力の中でも**性暴力は僕はよほどの理由がない限りやっちゃいけない**と考えています。なんらかの必要性がある場合は別ですけれど、特に意味のない性暴力を組み込んだり、それを主人公のトラウマの理由として書くのはすごく安易。性暴力というのはもちろん犯罪だからミステリーに入れやすいんですよ。でもそれ相応の意味がない限り作品を下品にするだけです。それがトリックと融合されていない限り読者に不快感を与えるし、その不快感は後で解消できるものではなく後味まで悪くなる。あえて後味を悪くするために書くのだったらまだいいけれど、その目的で書く人は少ないでしょうね。たぶん古い感覚で悪い男を書こうとする人や、不幸な家庭を書きたいという理由で性暴力を書く人が多いんでしょうけれど、他に人間の悪辣《あくらつ》さや家の不幸を表す表現方法なんていくらでもあるのに、一番簡単なものに手を出しているので作品が安っぽくなる危険性があると思います。必要もないのに組み込むのは単なる原稿枚数稼ぎにしかならない。

それはアクションシーンもそうですね。アメリカのハードボイルドのような作品だったらまた別ですけれど、そうではない場合、**アクションは本当に刺身のツマ**。ツマなのであればちゃんとアクセントになるようにキリッと書く。ということを僕は知っていたので、『カエル男』では逆に執拗に気持ち悪い場面を長々と続けたんですけれど。それは、新人賞に応募するなら独自性がないと駄目だと思ったからです。

演奏シーンの注意点

『**連続殺人鬼カエル男**』では独自性を出すために暴力シーンを延々と書きました。同時に応募した『**さよならドビュッシー**』では音楽シーンに気を配りました。あの本がなぜ受賞したかというと、理由のひとつはたった一曲の協奏曲をフルに描写したミステリー小説が今までなかったからだと思います。みんな音楽を表現するのに「流麗な旋律が聞こえてきた」くらいのワンセンテンスですませているところ、僕がわざわざ原稿用紙二十五枚とか四十枚とかを使って音楽を書いたのは、やはりそこで独自性を持たせたかったからです。あとは描写の能力を見てほしかったから。

音楽を表現するのは簡単でした。僕は音楽シーンを書く時は、その曲の演奏シーンを動画で見るんです。そうするとピアノの鍵盤上の指の動きが分かりますよね。指がこう動く時は当然中指が一番動くから中指が疲れるだろうなとか、その時に演奏者は何を思っているかなとか、この音楽のこの部分は演奏者もたぶん高揚感があるだろうなとかいったことを、全部キャラクターに合わせて想像して書いているだけです。実際、演奏って人によって違うんですよね。CDを聞いたりDVDを見たりしていると必ず演奏者にも個性があると分かります。それをヒントにして、この個性のキャラクターだったら必ずこのフレーズでは力を入れたがるよななどと考えるんですよ。僕はピアノを弾いたことがないから全部想像です。「ピアノが弾けないのにあそこまで書いたんですか」と言われますけれど、だってそもそもみなさん、**人を殺してないのにミステリー書いているじゃないですか**（笑）。僕に関しては**想像力と文章力と構成力の三つさえあったら、なんでも書ける**と思っています。

効果的な比喩の使い方

下手な比喩は目も当てられませんよね。比喩は、直接書いても伝わらないことを伝えるための手段なのに。皮膚感覚や匂いといった言語化しにくいものも比喩だったら言える。**「熱したフライパンに直接手を当てたようだった」**などと**感覚に訴える比喩**を考えましょう。**『さよならドビュッシー』**では火傷《やけど》をする女の子が出てきますが、僕は実際にガスコンロに火をつけて自分の指を突っ込みましたからね。そうやって書いた。でもそこまでしなくても、日常生活の中でどこかにぶつけたり、何かに触れたり、いろんな感覚を経験しているじゃないですか。それを総動員するんです。そうすると比喩が非常に簡単になります。だから、箪笥《たんす》の角に足の小指をぶつけたこととかね、些細なことでも憶えておくといいですね。

時代背景を書き分ける最重要ポイント

昭和・平成・令和と時代を書き分ける時に一番気をつけるべきところは電話です。留守電があって、ポケベルがあって、重たいショルダーホン（自動車用携帯電話）が出てきて、ガラケーになってスマホになって、という流れは僕らの生活に密着していますよね。それを書くだけで時代が分かる。ちなみに**スマホが出たせいでミステリーが書きづらくなったん**ですよね。だからちょっとひねったことを考える作家は、圏外とか宇宙といった電波の届かないところで殺人を起こします。

建物でも時代を映すことができます。知っている人は知っているんですけれど、バブルを境にして日本の建築技術というのは大きく様を変えています。バブル以前は結構潤沢に建物を造ることができた一方で、手抜きがよく行われていた。だから欠陥マンションが結構あるんですよ。僕は会社勤めの頃にそういうことを扱っていたので、マンション竣工年月日を見ると、あ、このマンション駄目だなというのが分かります。マンションの階段が石段か金属かといったことや、エレベーターのボタンの形状でも時代は分かります。他にも、服装や食の流行にも時代色は出ますよね。ただあんまり書き込むとうるさいので、そっとやっています。

もっといえば、衣食住でいろんなことが表現できます。たとえば**マンションの壁にひびが入っているとか、ガラスが白濁しているといったことで時間経過が表現できる。**食でいうなら**牛丼店に通う人とホテルのラウンジで食事する人では懐具合の印象が違いま**

すよね。その人の収入が表現できるんです。

今っぽさを出すのならSNSなどもありますね。でも、僕は最近ネット犯罪とサイバー犯罪対策課の戦いみたいな話を書いたんですけれど、書いてよく分かったのはSNSとミステリーの親和性のなさ。電脳空間っていわゆるリアルではないですよね。SNSの世界とリアル世界は近いようですごく離れていて、僕が未熟なせいなんですけれど、融合させるのがなかなか難しかった。上手いこと融合させるにはいわゆる特殊設定くらいしかないんじゃないかと思いました。

一日に原稿用紙二十五枚分を書く

一日に書く枚数は二十五枚と決めています。二日で五十枚。なぜかというと五十枚が小説誌の連載一回分の枚数だから。つまり二日で一回分書くと決めているんです。そうするといろいろ計算が楽なんですよ。この連載の締切まであと何日あるから、この日とこの日は別の版元さんの原稿に振り分けよう、などと計画が立てやすいんです。

もちろん毎日ぴったり二十五枚書いているわけではありません。プラスマイナス三枚ですね。最終的には連載一回を五十プラスマイナス五枚の範囲内で収めるようにしています。版元さんにすると約束の五十枚より少なかった場合に笑って許してくれるのは四十枚まで。三十五枚になると「ちょっと足りないよね」となり、三十枚だと「ふざけるな」となる。小説誌って基本的には全体のページ数が決まっているじゃないですか。なのにこの連載の枚数が足らないとなったら、苦労して広告を新たに入れたりして調整しなければならない。それは当然、余計な手間ですよね。ですからこちらが五十枚プラスマイナス五枚の範囲内で収めると向こうは楽なんです。

僕の場合、ノッて筆が進むということはないです。なぜなら**テンションの上下がない**から。どんなシーンを書いても僕はテンションが一緒です。死体を発見するシーンだろうがアクションシーンだろうが一人で悩むシーンだろうが、トリックを解明するシーンだろうがずっと同じテンションだから、書くスピードも変化しません。

ノッたからたくさん書けるとか、ノらなかったから書けないなんて、ふざけるなって話ですよ。だってサラリーマンが「今日は気分がノらないから仕事したくない」っていうのと一緒でしょう。作家本人は芸術作品を作っている気分でやっているかもしれませんけれど、それを受け取る編集の人や印刷所の人にしてみたら、スケジュールが遅れるなんて大迷惑でしょう。自分の原稿が多くの人のスケジュールに直結するというのに気分で仕事するなよって話なんですよ。僕は四半世紀以上サラリーマンをやっていたからそう思うのかもしれませんけれど、一般社会に置き換えてみれば、気分次第で仕事の量やクオリティが変化するなんてやっぱり「ふざけるな」なんです。

僕も締切に遅れることはあります。でもその前段階として、僕が必ず編集の人にお願いしているのは「締切はサバを読んでください」ということ。「本当の締切が二十日だとしたら、十日くらいだと伝えてください」と伝えてあります。そうすると遅れても致命的な状況にはならないんです。ですから僕は幸か不幸か締切に遅れて原稿を落としたことは一回もないです。ギリギリ間に合う状態が続いていますね。

小説家は一人で仕事をしているイメージもありますが、実はいろんな人が関わっている。**編集**、**印刷**、**校閲**、**装幀**、**広告**、**取次**、**書店**に至るまで。それを考えたら自分がここで怠けたら、それだけの人に迷惑がかかるって分かりますよね。締切を落とした人の話を聞いたことがありますが、こんなにいろんな人に迷惑をかけるのかと驚きました。

それが心に刻まれていますからなんとか間に合わせるようにしています。それに締切を何度も落として仕事が来なくなることを考えると、もう怖くて怖くて。それで**各編集者に「締切はサバを読んでくれ」とお願いしているん**です。

サバを読んでいると分かっているからといって、「本当の締切はまだ先だから大丈夫だな」などと気が緩んだことはないです。ともかく月八本の連載があるので緊張感が毎月三十一日間ずっと継続しています。でも楽しいですよ。こういうことを言うと不遜になるかもしれませんが、**僕は地獄を楽しんじゃうタイプ**なんですよ。楽になりたいなんてこれっぽっちも思ってない。苦しければ苦しいほど楽しい（笑）。

僕は基本的に怠け者なんです。タガが外れるとどこまでも怠けると自分で分かっているから、追い込まれないと人並みに働けないんです。それは自覚しています。だからこそ他の人よりもいっぱい連載を抱え込もうとするんです。無理とか無茶をしていないと、たぶん自分は怠けてしまうし、それが怖いから。

実はサラリーマンをやっていた時に一回だけ怠けたことがあるんです。その時が本当にひどかった。もちろん会社組織なので僕一人が怠けたところで全体にそんなに悪影響は出ずに事なきを得ました。でも今の作家の仕事は、自分が怠けたら後の工程に携わる人たちにしわ寄せがいく。だから**怠けそうになると、会社員時代に仮病を使った時のことを思い出して**、「ここで怠けたら駄目だ」と自分に言い聞かせ、追い込んでいます。

僕の執筆環境

椅子だけは立派で、机はニトリで買ったようなものです。パソコンも普通のノートパソコンです。なぜノートパソコンかというと今事務所と自宅が分かれていてパソコンを持ち歩いているから。作業する時にノートパソコンの画面だと小さいから二十何インチかのモニターを自宅と仕事場に置いています。最近は常宿にしている温泉宿にも同じようなモニターを置いてもらいました。泊まりに行ったら原稿を書いて、温泉に入って、原稿を書いて、その繰り返しなので事務所や自宅の生活とやっていることは変わりないですね。

僕はいつも**ヘッドフォンで音楽を聴きながら書いています**。映画音楽もアニメのテーマソングも七〇〜九〇年代のヒットソングもクラシックもジャズも聴きます。それこそ植木等からテイラー・スウィフトまで。好きなものも好きでないものも、音楽ならなんでもいいんです。ただ音楽を流していたら眠くならないというだけですから。それでも眠たくなったらいけないのでエナジードリンクを飲みながら書いています。

売れるタイトル・売れないタイトル

お客さんにアピールするタイトル、しないタイトルというのはありますね。昔よく言われていたのは、「白い炎」というような、**まったく違う性質のものをくっつける**、というセオリー。そういうのが一時期流行ったんですよ。それも古くなり、今一番よいとされているのは**内容が一発で分かるタイトル**ですね。

僕が人からタイトルをつけてもらったものは『**連続殺人鬼カエル男**』と『**贖罪の奏鳴曲**』の二作だけです。あとは全部自分で考えました。自分で考えた中で一番分かりやすかったのは『**総理にされた男**』でしょうか。もうこれだけで内容が分かりますよね（笑）。他には『**人面瘡探偵**』とか。

やはりタイトルだけで読みたくなることってありますから、それは真面目に考えますよ。タイトルはその小説の「顔」です。**本も見た目が九割**ですよ（笑）。長すぎてはいけない。ちゃんと印象に残るものなら短くてもいい。どちらにせよその作品を全部読んだ後でタイトルを見て、「ああそうだったのか」と思えるものが一番よいですね。

僕の小説で編集者がタイトルをつけたのは二作といいました。『連続殺人鬼カエル男』は『このミス』大賞に応募した時「災厄の季節」という題名だったんです。結局それも宝島社から出すことになったのですが、その時に編集者が社内で「これ、どう考えてもタイトルは『カエル男』だよな」と言われたそうです。僕はそれを聞いて「えっ、ストレートすぎない？」って思ったんですけれど、一瞬後に**ストレートなほうが面白い**んだと気づきました。それに新人作家が出した二作が、片方が『**さよならドビュッシー**』で片方が『**連続殺人鬼カエル男**』というのもそれはそれで落差があっていいかなと思いました。とにかく両方売ってもらわないとどうしようもなかったので。

『贖罪の奏鳴曲』も決めたのは編集の人です。僕は「御子柴弁護士の○○」みたいなタイトルを考えていたんですが、編集者から「中山さんは音楽ミステリーでデビューしたのだから、やっぱりタイトルは音楽に絡めたほうがいい」と提案されました。

シリーズもののタイトルに関しては、毎回そのシリーズに合った言葉を選ぶという縛りはありますね。岬洋介シリーズの場合、**『さよならドビュッシー』『おやすみラフマニノフ』『いつまでもショパン』**などとし、御子柴礼司シリーズなら**『贖罪の奏鳴曲』『追憶の夜想曲《ノクターン》』『恩讐の鎮魂曲《レクイエム》』**と法則性があります。

自分でタイトルを決める作家でも、いくつも候補を並べて「この中からどれがいいですか」と編集者に言う人が多いそうです。僕の場合は頭の中でプロットを作り終えた時に「タイトルはこれしかない」っていうものが決まっている。決まっていないのなら、それはプロットの立て方がおかしいってことです。だってちゃんと完成したプロットであれば、タイトルはもうこれしかないというものが出てきているはずですから。

単行本で売れなかったので文庫化の際に改題するパターンもありますね。あれを見かけると、このタイトル失敗したんだなって思いますよね。そういう失敗した例を見ていれば、「こういうタイトルは駄目なんだな」と分かってきますよ。格好つけたタイトルとか、四文字熟語とか。書いている人の独りよがりみたいな、読者に親切ではないタイトルって結構ありますね。

僕の聞いた話では、世に出回っている小説のタイトルの七割は編集者が考えている。やはり編集者のほうが売れやすいタイトルを知っているんですよ。逆に言ったら、作家に自己愛などのノイズが多いと、自分で変なタイトルをつけちゃうんですよ。僕はそういうノイズがまったくないので、お客さんが手に取りやすい、あるいは興味を示しやすいタイトルは何かを考えます。全部読んだ後にそのタイトルで納得してもらえるかどうかも考えます。それが一番大切な気もします。

エンタメに求められるのはおもてなしの心なんですよ。喜んでもらってなんぼのものですから。だって大衆小説ですもん。だから編集者に「そのタイトルじゃ駄目ですよ。売れません」と言われたらたぶんその通りなので、意地にならないほうがいいですよ。

装幀・帯・あらすじは編集者に任せる

僕はほとんどの小説のタイトルを自分がつけているとお話ししました。でも**装幀は丸投げ**です。なぜかといったら、向こうは本を売るプロだから。こっちは書くほうのプロかもしれないけれど自分で手売りしたことなんてないですから、そんな素人が口出ししたらまずいなってことは分かっています。

もちろんなかには装幀まで口出ししたい人もいるでしょう。それはそれでいいでしょう。なぜかといったら、もしその人の本が売れなくなったらその人の責任ですもの。僕の場合、書くところまでは自分の責任で、売るのはお任せしますというスタイルです。それが一番健全だと思っているから。

帯の惹句《じやつく》やあらすじ紹介も全部お任せです。作者が何も言わないと向こうも好きにできるから自由度が増えますよね。その本がどうしたら売れるか幅広く考えられるから、向こうもそのほうがいいと思います。

キャラクター造形のポイント

主人公は読者の方が感情移入しやすいキャラクターという話はしましたよね。感情移入という言葉がちょっと適していないのであれば、感情が惹きつけられるキャラクターと言えばよいでしょうか。ぶっちゃけて言いますと、**僕はキャラクターを作る時に必ず欠損部分を作るんです**よ。オールマイティじゃなくて、ひとつどこか欠けている部分がある人。人間って面白いもので、やっぱり誰しも自分の理想像みたいなものがありますよね。それで、理想を叶えるために足りないものや劣っているものがあったら、それを克服しようとする。その克服の仕方として、足りないものを補っていくのか、違う部分を伸ばしていくのかという違いはありますが、そういう人をキャラクターに持っていけば感情移入しやすい、あるいは魅力的になるんじゃないかなというのは、デビュー前からの僕の素人考えでした。

僕は基本的に、主人公が無双で、すべてを兼ね備えたキャラクターだというのは魅力的に思えないんですね。たぶん他の読者さんもそんなに大きな違いはないと思いますが、やはりどこかに欠損を抱えた人間のほうが、読んでいて「頑張れ」という気持ちになったり、あるいはどうなっていくのか興味を引かれる。だから僕が物語を書く時には主人公や脇を固める人間は、どこか欠けた部分を持っている人を書く傾向があります。

自作のキャラクター造形の例

僕ははじめて『このミス』に投稿した時に、選考委員に「キャラクタリゼーションにもう少し気を配れ」みたいなことを言われたんです。じゃあ魅力的な主人公ってなんだと考えてみると、やっぱり好感を持たれるけれど、どこか足りないところを抱えている人というイメージが浮かんだんですね。だから次に書いた『さよならドビュッシー』の主人公、岬洋介は頭脳明晰で眉目秀麗で、紳士で、かつ穏やかな性格ながら、突発性難聴を患っているという縛りを作ったんです。その突発性難聴が大きなファクターになるためには本人が音楽関係者じゃないと成立しないだろうと考えてキャラクターを作っていきました。

『贖罪の奏鳴曲』などのシリーズの主人公、御子柴礼司は悪辣な弁護士です。少年犯罪を犯した過去もある。これは実在の事件があったんです。子供の頃に友人を殺害した少年が長じて弁護士になったんですけれど、その方はもう弁護士を辞めてしまっている。その話を聞いた時に、その人がずっと弁護士を続けていたらどういう弁護士になるんだろうと考えました。その頃、神戸の連続児童殺傷事件もあったので、それも含め、小さい時に犯した罪を償っていくというのはどういうことかを考えていたら、話がぽんとできちゃったんです。主人公のキャラクターは人間味がなくて悪辣で、金儲けしか考えていなくて、でも実はほんのひとかけらだけ人間性を持っている人物が浮かびました。というのもある時、人から人間の魅力に「とんでもない悪党だけれど、ほんのちらっとだけ善意が見えたら、それに惹かれる」と聞いたことがあったんです。それを言ったのは女性でした。僕からするとそういう男ってクズ以外の何者でもないんだけれど、そんなものかと思いましたね。僕にとっては、ものすごく善人なんだけれどある一瞬だけ凶悪な顔を見せる人間のほうが魅力的に感じます。ただ、その発言を聞いた時に、これをこのままキャラクター造形に使えばいいと思いました。その後もいろんな人と話していると、**一部だけ意外な面をのぞかせる、というのを魅力的だと思う人は多い**ですね。

『**切り裂きジャックの告白**』から始まるシリーズは犬養隼人という刑事が主人公です。仕事はできるけれど私生活は無茶苦茶で、バツ2。唯一の弱みが娘なんです。娘が腎臓の病を患ってずっと入院していて、移植のドナーを待っているという設定を作った段階で、医療警察ミステリーという分野を作ることができました。これはＫＡＤＯＫＡＷＡさんからの依頼でしたが、僕は古い人間なので角川書店と聞いてすぐに横溝正史と森村誠一を連想し、じゃあ両方の雰囲気を使おうと思ったんです。だからおどろおどろしい話なんだけれど社会性もあるシリーズになりました。

あるいは『**作家刑事毒島**』の例を挙げてみましょうか。これは簡単で、幻冬舎さんから「中山さんを主人公にした物語を書いてください」と言われたんです。そんな馬鹿なことができるかと言いました（笑）。ただ、作家と刑事って水と油ですが、唯一、推理をするという点で共通しているんですよ。その兼業だったら面白い話が書けるなと考えました。その時、僕はデビューして相当経っていて、**文壇って普通の社会と常識が違っていて、魑魅魍魎《ちみもうりょう》が跋扈《ばっこ》している面白い世界**だなと分かってきていたんです。そんな世界で犯罪が起こったら刑事は嫌だろうなと考えました。それで、文壇のことも分かっている作家刑事という設定にしました。ただ、調べてみると公務員は普通は副業が禁止なんですよね。ならばいったん警察を辞めて再雇用された人物にしようと考えました。毒島の人物造形については「お前をモデルにして書け」と言われているのにイケメンだとか性格がいい人なんて書けるわけないじゃないですか（笑）。自分で自分の性格は知っていますから、自分の中にある嫌なところ、憎たらしいところをカリカチュアライズして書きました。

『嗤う淑女』は悪女の話ですよね。あれは当時、悪行を重ねて日本中を逃げ回っていた女性がいたんです。福田和子という。彼女をさらに賢くしたら周囲は犯罪が起こったこと自体分からないんじゃないかと思ったんです。それで、**罪を犯すことになんの躊躇も抵抗もない人間を考え出してみました**。その頃はまだピカレスクロマンって書いたことがなかったんですよね。美しくて頭脳明晰な悪女がとことん悪いことをやったら結構みんなスカッとしてくれるんじゃないかと思いました。この場合も、美貌も頭脳も全部揃っているけれど、唯一、倫理観だけは欠落している主人公を作ったんです。

『ヒポクラテスの誓い』シリーズの時の依頼は「女性が主人公の、特殊なお仕事小説のミステリー」というものでした。そこで普通なら警察や検事さんを考えるんでしょうけれど、すでにそういうカラーの小説があったものですから、同じものを書いちゃいけないなと。じゃあ何があるかって考えて解剖医にしました。その数年後に「アンナチュラル」というドラマで出てきたんですけれど、僕が書き始めた当時はあまりなかったんですよ。プロットを書いてスッと通ったのはいいんです。そこでふと、「俺、医学のこと何も知らないな」と気づきました。それでも学生時代に法医学の本は買って読んでいたんです。活字ならなんでもよくて、小説だけでなく小六法や鉄道案内だとか音楽ものだとか、ありとあらゆるものを関心もないのに読んでいた時期がありまして、その時に読んでいた医学の本の内容を憶えていたので、それで書きました。

キャラクターのリンクについて

僕の小説は複数のシリーズに同じ人物が登場しています。リンクしているわけですね。僕がデビューした『このミス』大賞出身者には海堂尊《かいどうたける》という大先輩がいらっしゃって、この先輩が、こっちの小説で脇役だった人があっちの小説で主役だったりするスターシステムを採用していたんです。版元が異なる作品も全部繋がっているんですね。読者は、違う版元、違うシリーズであっても、知っているキャラクターが出てくるとなったら、なんとなく興味をそそられるじゃないですか。このシリーズも読んでみよう、あのシリーズも読もうとなってくる。それで僕も徹底して全部の世界観を一緒にすることにしました。

それを思いついたのはデビュー直後です。それで、デビュー前に書いていた『さよならドビュッシー』と『カエル男』に出てきたキャラクターを今後どの作品でも使えるように、その時に自分の作品の世界観を頭の中で作りました。

はっきり言いますと、**「大賞受賞しました」って連絡がきた後**、何週間かかけてとりあえず**百通りのストーリーを考えたん**ですよ。百通りのストーリーの中で、この人間はここに置いておこうという配置を大まかに決めました。埼玉県警には『カエル男』に出てくる古手川という刑事がいるとか、『ドビュッシー』の舞台は名古屋だけど岬洋介はピアニストだからいろんなところに行くことにしよう、などと考えました。

実際僕が毎回やっているのは、わりと広めの世界観の一部をその都度切り取って提供しているだけなんですよ。これが一番僕に合ったスタイルかなと思うし、おもてなしの心を一番発揮できる形だと思っています。

スターシステムを採用したことで、それ以降の**作品を書くのが楽**でした。新たな小説を書く時は、新たなキャラクターを僕の頭の中にある世界観に放り込んだ上で既出のキャラクターを出します。唯一例外だったのは宮城県警シリーズ。そこは場所が離れているので、今のところリンクできていないんです。ただ問題がひとつあって、その時考えていたストーリーが百通りしかないから、そろそろ全部尽きてしまうんです。その次を考えるのがしんどくてしんどくて（笑）。

『さよならドビュッシー』の香月玄太郎が要介護探偵として主役になる『さよならドビュッシー前奏曲《プレリュード》　要介護探偵の事件簿』を書いたり、香月玄太郎と『静おばあちゃんにおまかせ』の静おばあちゃんをコラボさせて『静おばあちゃんと要介護探偵』という作品も書きました。あれは『静おばあちゃんにおまかせ』を書いた時には、すでに考えていました。静おばあちゃんが裁判官を辞めるきっかけとなった事件があるんですが、その時には『テミスの剣』などの時間の流れは頭にありましたし、静おばあちゃんと玄太郎の年齢差を十歳にしたのも意味を持たせました。

頭の中にある**キャラクターでまだ二十人くらい登場していないキャラクターがいるん**ですが、全部繋がっています。百通りのストーリーを考えた時に作った大まかな地図と配置と人間関係は全部頭の中に入っています。個々人のプロフィールはそんなに詳しいところまでは決めておらず、本当に大まかな人格ですとか、どんなことを喋るといったぼんやりしたものがあります。後からの肉付けは簡単なんです。不思議なもので、話を作っていくとキャラクターってどんどん肉付けされていくんですよね。

ある方にデビューしてからの人物相関図を作っていただいたことがあって、見てみたら頭の中にあるものと完全に一致しました。今宝島社文庫から出ている『連続殺人鬼カエル男ふたたび』と『合唱　岬洋介の帰還』の巻末に相関図が載っています。新作を出すたびに更新されるので、またどこかのタイミングで新しいものを出すと思います。

作ってくれた方は最初、趣味で相関図を書いていたらしいんですよ。ところがA4のサイズに収まらずに、B1だったか、とんでもないサイズになってしまったそうです。

ストックがあると有利

『このミス』で大賞を取って、次に書いたのは御子柴礼司のシリーズでした。受賞後の第一作として宝島社から出す作品としてプロットを出してOKをもらい、本篇を一〇〇枚まで書いてOKをもらった頃に宝島社さんから呼ばれ、何かと思ったら「やっぱり次は受賞作の続篇を書いてください」と言われたんです。「すでにOKをもらって書きかけの作品があるんですけれど」と訊いたら、「それはもう好きにしてください」と言われました。その時にちょうど講談社さんから「何か原稿ありませんか」と言われていたので「これでどうでしょう」と渡したんです。だから僕はデビューした時点で、まず『さよならドビュッシー』があって、『カエル男』があって、その前に最終選考まで残った『魔女は甦る』があって、書きかけの『贖罪の奏鳴曲』という四作があった。デビュー後にぽんぽんと本が出せたのは、**手元にそれだけストックがあった**からです。

シリーズ化について

最初の頃は続篇やシリーズ化なんてまったく考えずに書いていました。結局シリーズ化しているものが多いんですけれど、最初はどれも単独のつもりで書いていました。「シリーズ化できるものにしてください」と言われるようになったのはデビューして十年目くらいです。

最初の頃は一作に主人公の魅力も謎の魅力も世界観も全部放り込んで、後のことは何も考えずに書いていたんです。続篇を書くなんて思っていませんから、毎回、自分は思いついたことは一作の中に全部ぶち込んでやる気持ちでした。それが結果的に好評をいただいてシリーズになった、ということです。**シリーズ化を意識していなかったからこそ一作に集中できましたが**、そのぶん、続篇を依頼されて何を書けばいいのか非常に悩みました。乾いた雑巾を絞るようなもんです。どうやって絞り出すかといえば、それはもう、やる気と気合いのみ（笑）。それやらないと生き残っていけません。

でもはじめて「シリーズ化できるものを」と依頼された時もちょっと困りました。何が困るかというと、僕の場合そういう依頼は基本的に単行本からスタートなんですが、**シリーズにするということは単行本で必ず重版しなきゃいけないいんですよ**。「シリーズものを書きませんか」という依頼は、いってみれば「最初の単行本で重版をかけろ」という至上命令なんですよ。そうやって最初からシリーズにするつもりで書いたのが『**鑑定人　氏家京太郎**』や『**祝祭のハングマン**』とかですかね。とにかくシリーズものって一番難しい。

たとえばライトノベル系などでも最初からシリーズものと決まっている作品があるじゃないですか。あれを見ているとだ**いたい三作で終わる**んです。読んでみると、最初からシリーズ化を意識しているから一作目で出し惜しみしているんですよね。僕が読んだ作品は一作目で登場人物が全員訳ありげでした。「この人間は過去について語るべきことがある」みたいな思わせぶりな書き方で、一作目はそれだけの内容で終わってるんですよ。あ、これは続かないなと思いましたね。もし**シリーズものを続けるんであれば、****一作目に全部つぎ込まないと無理。**世界観を読者の人に十二分に伝えるために、**やりすぎくらいがちょうどいい。**そうしないとその世界に興味を持ってもらえない。第一作が思わせぶりなだけで興味を持つ要素が何もなかったら、次に読もうなんて思いませんよ。一作ごとに完成度が高くなっていかなくては次を読んでもらえないからこそ、シリーズは続くほどきついんです。いろいろなシリーズものを持ってらっしゃる先輩方は、もうそれだけで尊敬します。

新人賞の選評を読んでいると、「シリーズものの第一作みたいな作品だ」というコメントも見かけますよね。何か背景があると思わせぶりなまま終わっている原稿を投稿したのでしょうが、それは選考委員も評価が難しいでしょうね。デビュー前から生き残ることを念頭に置いていることはいいんですけれど、やり方がヘタクソだし、あざとい。

新人賞の選考では、書き手の物語を完結させる腕も見ようとしているんですよ。なのにそんな書き方をしていたら、腕がないことをごまかしているように思われます。そもそもどこの馬の骨かもしれない人間が書いた思わせぶりな小説の続篇なんて誰が読みたいと思います？「続きを買ってみよう」と思わせる前に、「全部中途半端だから要らないや」と思われてしまうんです。

オリジナリティはどこまで必要か

何を書いてもその人の小説になる作家っているじゃないですか。僕は自分がその域に達しているとは到底思えません。どんなジャンルを書かせても、作家名を隠して読んでもらっても、「これ誰々の作品だな」って思われるのがオリジナリティ。ビートルズを歌っても独特な節になる演歌歌手っているじゃないですか。僕が思い出すのは美空ひばりさんで、**カントリーを歌おうがブルースを歌おうが絶対に美空ひばり**になる。あれこそがオリジナリティですよ。

作家の場合オリジナリティが出てくるのは、文体とか結論の付け方とか、全体の流れといったところですよね。作風ということではなくあくまでも構成の問題です。どんなストーリーだとしても、その人独自の構成の仕方はあまり変わらないんですよ。人物像の肉の付け方とか、対立構造などにもその人の個性は出ます。たとえばシャーロック・ホームズのパスティーシュっていくらでもありますが、書く人によっていろんなホームズが出てきますよね。それがオリジナリティでしょう。でもたぶん、本人には自分のオリジナリティって分からないんですよ。書評家や読者の方に「これは○○節だ」と言われてはじめて自分の個性として認識するんです。だって本人は狙ってそうしているのでなく、呼吸と同じくらい自覚なく自然とやっていることなんですから。

ネタやトリックについてはもう発掘し尽くされているので、今はもうオリジナリティを出すことは難しい。バリエーションを変えてやるしかないんです。となるとじゃあ**どこにオリジナリティを求めるかといったら、その人の節回し**しかないと思います。もっというと、その作家の本を読みたい人のほとんどは、その人の節回しを楽しみたいから読むんだと僕は思っています。その節回しができた瞬間に、その人は物書きになったといえるでしょうね。そしてその節回しは、書き続けているうちに自然とできていくものなんです。

節回しを獲得するためにひとつ分かることは、どれだけデビュー作から削り落としていけるかということ。デビュー作って言ってみればなんらかのコピーなんですよね。その人が今まで読んできたもののコピーなんです。上手いか下手かの違いはありますけれどね。そのコピーしたものからどんどん、どんどん**こそぎ落としていって、残っていくのがオリジナリティ**だと思っています。

独自の文体を手に入れるために

自分の**文体を見つけるためには、たくさん書く**ことしかないですね。最初は誰かの真似から入ってもいいんです。でも二作三作と書いていくと、自分に合った書き方だとか、あるいは自分で一番効果的だと思える書き方が分かってくるはずです。野坂昭如さんなんて非常に独特な文体ですが、デビュー作はまだそこまでじゃないんですよね。みなさんそうです。村上春樹さんでさえそうですもの。

そういう方々はみなさん、小説講座に行って書き方を教わったわけじゃないんです。自分で書いて書いて書いて自分に合った書き方を見つけている。言い換えると、作家さんって山に登っているようなものなんですよ。頂上を目指すためのルートはみんな違う。そのルートに行くために自分に合った靴を選ぶわけで、その靴が文体なんですよ。自分に合った靴っていうのは、何回も履き替えないと分からないでしょう。だから、とにかく書くことなんです。**書かないと分からない**。

文体にしろ、驚かせるための方法にしろ、それらはもう書けば書くほど経験値がたまっていくものです。**エンドマークの数ほど書き手の財産になる**と思ってください。そう、最後まで書くことが大事ですね。アマチュアの方で、これは失敗作だとか、書き上げる自信がないといって、途中でやめる人がいる。でも、最後まで書かないと失敗したところとか、自分の不得意なところが分からないんですよ。失敗と分かっている作品を書き続けるなんて無駄だと思うかもしれませんが、その回り道が実は一番近道です。

文章のリズムを確認するために音読するという方もいますが、昨今は実際に本を音読する読者は少数派ですから僕はあんまり役に立たないと思います。やっぱり、**ゲラにして、文字情報で確認したほうがいい**と思います。

文体は最初から確立できるものじゃないんです。若書きという言葉がある通り、十年選手の作家に自身のデビュー作を見せると、たいてい「やめてくれ」って泣きが入りますよ(笑)。僕もそうですもん。ただ僕は、若書きだった頃の失敗を今さら直そうと思わないから、加筆修正はしませんけれど。初期の作品に手を入れる人もいますが、その気持ちはよく分かります。

指南書は必要か

僕はミステリーの書き方についての本も一通り読んでいます。物書きになろうということは露ほども思っていなかった頃に、単純に面白かったから読みました。評論が好きでしたし、とにかく当時は目についたものはなんでも読んでいたんです。

横溝正史さんも**江戸川乱歩さん**も編集者だったじゃないですか。編集はするわ評論はするわ自作もするわといった人が書いたものはやはり一味違います。今さらながら読むと、すごく腑に落ちることがいくつもありますね。目から鱗が落ち放題。まだ単純な読者だった頃はただ面白がっていましたが、今読むと「ああ、このことを書いていたのか」って気づくことがちょこちょこあるんですよね。だから今作家を目指している方とか、デビューした方はそういう評論に目を通されると、得した気分になれると思います。読めば上達するかといったら、それは分かりませんけれど。

文章を書写することは有効か

一時期、新人賞の応募作に伊坂幸太郎さんを真似た文章が増えて、みんな落とされたと聞きました。そりゃ落とされますよね。だってどんなに文体を似せたところで、伊坂幸太郎さんは二人も要らないんですから。それにたいてい、真似の仕方が下手で目も当てられないっていう。

よく好きな作家の作品を書写しろとアドバイスする人がいます。あれは文体を真似しろということではなく、書き写しながらこの小説はなぜ面白いのかを分析させるために言っているんですよ。**文体よりも構成を真似しろ**って話です。あるいは、**自分の文体がいかにおかしいかを納得させる**ためです。自分の文体をそこで殺せって意味ですよ、たぶん。自分のクセをいったん自分から切り離す。読むだけでは頭に入ってこなくても、指を動かすと頭に入ってくる。

でも正直いうと僕はそんなことするよりは、いろんな人の小説を読んだほうがいいと思います。だって書き写すのって時間がかかるんだもの。僕の場合は誰かに似せて書くということがなかったんです。なぜかというと、いろんなものを読みすぎていたので、誰か一人を偏愛するということがなかったから。

他人の評価を聞く

アマチュアの方の場合、自分が書いたものを自分で客観的に評価するのは難しいですよね。そういう時は、その**小説を読んでほしい人間をつかまえて読ませるのが一番いい**。僕はデビュー前、『さよならドビュッシー』を書き上げた後、友達の中学生の娘さんに読んでもらったんです。もしこの中学生の女の子が面白いと思ってくれたら成功だなと思いました。

あえて小説を読み慣れている人に読んでもらうことは避けました。それは一銭の価値もない。なぜかというと、その小説が世の中に出た時、一般の、本当にあんまり本を読んでいない人が手に取ってくれない限り、デビューしてもそれで終わりだと考えたんですね。しかも小説をあまり読まない人はどこの馬の骨だか分からない新人の作品を好んで読んだりはしないでしょう。小説をよく読む人なら「○○新人賞受賞」という冠がついていたら読んでくれるかもしれませんが、それでは日本の読書人口の何割かの数字しか獲得できない。もっと**広く読者を獲得しようとしたら、普段本を読まない人間が手に取らない限りどうしようもないん**です。だからあまり本は読まないけれど、人並みの好奇心があって読解力もある女の子を選んで、その子に読んでもらいました。その子が面白いと言ってくれたから投稿したんです。

同時に応募した『連続殺人鬼カエル男』は、こちらもあまり小説を読まない、映画ばっかり観ている人に読んでもらいました。それもやはり小説を読んでいる人だけにウケたってしょうがないと思ったからです。で、その人の**感想は「気持ち悪い」**でした。**「途中で読むのをやめようかと思った」と言われた**時に「やった」と思いました。それだけ、普通の人の感覚に訴えるものがあったということですから。だから両方投稿して、二作とも最終候補に残りました。

商業出版と自費出版

最近は自費出版も増えています。僕からしてみたらあれは趣味。僕ら**商業出版というのはいわゆる契約**で動いています。契約で動いているということは当然相手がいて、その相手の信用なり利益なりを損なってはいけないという暗黙の了解があるんですよ。自費出版というのは極端なことを言うと、どこにも責任を負わなくていいんですよね。利益を出さなくてもいい、**金銭の関わらない仕事というのは要するに趣味**です。

自費出版して版元さんから声がかかる人もいますよね。でもそれはあくまでも企画モノだから次に繋がらないんです。僕もそうした流れを見てきましたけれど、やっぱりシリーズになるものは本当に少ないですね。公募の文学賞の場合、編集者は新人を探しているけれど、自費出版のものに声をかける編集者は人ではなく作品を探しているんです。その作品が出た段階で企画は終了ですよ。だから使い捨てで次が来ない。

公募の場合は賞金もあるし主催する版元さんのバックアップもある。この新人を育てようという姿勢があるんですよ。だいたい使い捨てかそうでないかの基準は、新人賞の賞金の金額にあります。五〇〇万円、一〇〇〇万円の金額を賞金として出すということは、その金額分を回収しなければいけない。回収するためには、その作家さんに活躍してもらわなくちゃいけないわけです。それが結果的にその作家さんの育成になるわけですけれど、逆に賞金がない、あるいは賞金が三十万とか一〇〇万くらいの賞は育成に力を入れてくれるとは言い難い。はっきり言ってしまうと、大きな出版社の場合、**賞金五〇〇万円以下の新人賞は受賞しても使い捨て**にされると思っていいでしょうね。中山は何を馬鹿なことを言っているんだとお思いでしょうけれど、これは某大手の編集長から聞いたことなんです。

僕は自費出版はしません。ありがたいことに公募で賞をいただいて、継続的にオファーもいただいて出版もしていただいている。だったら趣味でやってはいかんというのは自明の理です。どうしても自費出版したいんだったら、そういう契約のある仕事を全部終わらせてから老後の楽しみとしてやりますよ。今連載に追われながら、その片方で**自分で趣味の小説は書いていますが**、それは本当に自分の楽しみのためだけで箸休めみたいなものです。出版する予定も意志もないです。本当にどこからもオファーが来なくなって本が一冊も売れなくなったとしても、じゃあそれを自費出版するかといったらしませんね。だって密かな趣味を人に見せることってあんまりしないでしょう。

ちなみに書いているのはSFが入った海洋冒険小説です。巨大なクジラがある日人の肉の味をおぼえて商船だとか貨物船を襲い始める。ところが世の中は捕鯨禁止が謳われて数年経っているので、捕鯨の技術を持っているのがフィンランドと日本しかない。そこで太地町の老いた漁師とフィンランドの捕鯨船が団結してクジラ退治に出掛け、クジラの被害で海運株が下がったものだからアメリカ政府がなんとかしようといろんな組織や海軍を導入するんですけれど上手くいかない。そうこうしているうちにシーシェパードみたいな組織が出てきて邪魔をする……みたいなところにミステリーが加わるという話です。自分で書いていて結構面白いなと思うんですけれど、絶対出さないですよ。だって、中山が書くSFなんて誰が読みたいものかと思ってますから。

承認欲求よりも物語への愛情があるか

自分の書くものがどの新人賞に合っているか分からないという人もいるでしょう。でも、どこの新人賞もそうですけれど、作風やジャンルが違っていてもある一定水準の能力や才能は分かるんですよ。下読みも長らくやっている人が多いですし、編集者はたくさん本を読んでいますから、必ずそういう才能は見つけてくれるんです。運命論みたいな話になってきますが、出てくる人はどんなルートを通っても必ず出てきます。出てこなくていい人はどんなルートをたどっても必ずどこかで止まります。嫌な話ですけれどね。でも今、文壇で活躍している人を見ていると、やっぱり残るべくして残った人しかいないんです。

デビューしたとしてもその時の態度を見て「この人この先続くかな」と思った人はやっぱり、二作目、三作目が出ませんね。態度とはなんだって話ですよね。これまた嫌なことを言いますが、**作家になりたい人は作家になれない**。書きたくて書きたくてしょうがない人が書く手段として作家になるんです。目的と手段が逆になっている。だって作家って決して楽な仕事じゃないでしょう。楽でもない仕事を延々と続けられるっていうのは、義務感や惰性じゃできないんですよ。やっぱり**物語に対する欲求だとか、好奇心がなければ続きません**。

有名になりたいという自己顕示欲や承認欲求だけでこんな仕事は続けられません。これをお読みの方で、「俺は小説が書きたいというより、作家になりたいんだ」という方は、もう一回他の職業を見てみましょう。もっとあなたに合った職業がありますから。

デビューしてすぐ名刺に「作家」とか「小説家」という肩書を書く人も、なかなか続かない傾向がありますね。最近はあまりいませんけれど昔は多かったんです。でも大沢在昌さんが**『売れる作家の全技術』**という本で、新人の名刺はこうあるべきだと書かれたとたん、そんな名刺は少なくなったと聞いたことがあります（笑）。本当に、自己顕示欲とか承認欲求でこの仕事を選んじゃ駄目だって言いたいですね。もちろん承認欲求が必要な時はあります。でもあれは底なし沼ですよ。何をどれだけやったところで、次はもっと次はもっととなって強迫観念みたいに押し寄せてくるから、やがて潰れます。それよりは物語に対する愛情を持っていたほうが、はるかに精神衛生上楽です。「〇〇先生」って呼ばれたいから書いている人は本当に考え直したほうがいい。同じ「先生」なら、まだ地方議員を目指したほうが楽かもしれない。承認欲求って一種の毒ですから。毒は薬にもなるので、ちょっとだけあるぶんにはいいんですよ。でもその量が多いと、やっぱり毒にしかならないです。

第四章　ミステリーと生活

なぜミステリー作家になったのか

僕が生まれ育ったのは岐阜の田舎で、両親が呉服屋を営んでいました。二人とも働いていて子供を見る時間があまりなく、だから物心つく頃から子供に本を買い与えていたらしいです。親が仕事をしている間、僕はずっと本を読んでいたようで、親もこいつは本さえ与えておけば静かになるということを学習したようです。

本を読んでいない時は何をしていたかというと、田舎ですから裏に山があって、そこを駆け上って探索して回っていたみたいです。僕はいまだに健康体ですが、その頃に体力的なものを培ったのかもしれません。

幼稚園の頃、先生に「お話を作りたい」と言ったらしいんです。**実際に小説を書いたのは高校一年生**でした。文芸部に入ったところ「お前も何か書け」と言われてしょうがなく八〇枚くらいのものを書いて、せっかく書いたので「オール讀物」の賞に出したら、三次までいっちゃったんです。「これは向いているのかな」と思ってその後ちょこちょこ出したんですけれどどれも二次止まり。じゃあ長い小説を書いてみようと**高校時代の**

うちにミステリーを書いて江戸川乱歩賞に出しました。なぜ乱歩賞だったのかというと、ミステリーは好きでずっと読んでいたから書きやすかったというのもあるし、ミステリーを読んでいると必ず横溝正史とか江戸川乱歩にたどり着くので、乱歩賞も知っていたんです。それで応募したのですが、もの好きが軽装で富士山に登るようなものでした。高校時代に応募して大学時代に結果が出ましたが、一次を通っただけでした。それで自分には才能がないと思って諦めました。それから二十五年間、何もしませんでした。

その後はずっとサラリーマンをやっていました。四十代のある時、大阪で島田荘司さんのサイン会があったので行きました。島田さんってものすごくオーラがある方じゃないですか。あれに当てられて、サイン会の後そのままパソコンを買いに行って、その日のうちになんの戸惑いもなく衝動的にさーっと小説を書き始めました。ちょうど単身赴任中だったので時間がたっぷり余っていたんです。会社が六時に終わり、そのまま社宅に帰り、あとは本当に自由時間ですから好きなだけ小説を書いていました。

その時に書き上げたのはミステリーではなく一七〇枚くらいのホラーでした。せっかく書いたのだからどこかの新人賞に出そうと思い「公募ガイド」を見たら、時期的に一七〇枚の原稿を受けつけているところがなかったんです。応募締切に間に合いそうなのが『このミステリーがすごい！』大賞で、規定枚数としては三五〇枚以上でした。それで一七〇枚のホラーにいろいろ加筆して四五〇枚くらいのミステリーにして出したんです。それが最終の選評でけちょんけちょんに言われて落とされ、あまりに悔しかったので次は最初から『このミス』に出そうと意識して二年間で二作仕上げて応募しました。そのうちの一作で受賞し、もう一作のほうも刊行することとなったというわけです。僕の中でその二作を書いていた二年間が修業期間だったという認識です。

選評っていいですね。だって次に書く時、指摘されたことをその通りに守ればいいんですから。要は**このように書いたら受賞できるよってことが懇切丁寧に書かれているのが選評**なんですよ。

で、デビューしたら他の版元さんも「ミステリーを書いてくれ」と言ってくるからミステリーを書いて、それが今の状況に繋がっています。ですから僕は衝動で書き始めただけで小説家になろうなんて露ほども思っていなかったんです。当然ミステリー作家になろうとも思っていなかった。最近はミステリーでなくてもかまわないという版元さんも出てきたので、そうでないものも書いていますけれど。

ですから宝島社から「おめでとうございます、大賞です」と連絡をいただいた時は半ば戸惑いました。でも賞をもらうだけもらって何もしない、という選択はありませんでした。読者でいる時代、いわゆる一発屋をいっぱい見てきましたから、そういう風にはなりたくなかった。それに『このミステリーがすごい！』大賞は賞金が一二〇〇万円だったんですよ。僕はもう一人の方と同時受賞だったので半分の六〇〇万円だったんですけど、**六〇〇万円いただいた限りは、そのぶん返さないと気持ち悪いじゃないですか。何作目まで書いてやっと借りが返せるか自分で粗利計算して、**そこまでは続けようと考えました。続けているうちに、他の版元さんからいろいろご注文いただいて、現在に至ります。

作家は一度社会に出るべきか

社会人経験を積んでから作家になったほうがよいのかどうか、という質問もよく聞きます。僕の場合、会社員時代の専門知識はほとんど執筆の役には立っていません。ただひとつ役に立っているとすると、いろんな人間に会ったものですから、自分の中に**人間のサンプルがたくさんできました。**こういう人間はこういう喋り方をする、こういう風に言う奴は必ずこういうことを根に持っている、とか。それらは自分の中で分類もできています。

学生のうちに物書きになられる方も多いですけれど、学生同士の付き合いと社会人同士の付き合いは全然質が違う。学生の時は友達同士でお金が絡む話ってなかなかないでしょう。嫌な話ですが、**世の中で発生する問題の九割はお金で解決する。**言い換えれば、社会人同士の付き合いは利害関係が生まれるんです。人間関係の九割が利害関係といっても過言じゃない。だったら社会人生活を送った経験というのは、作家にとって絶対条件ではないけれど、役に立つことはあるでしょうね。

最近は専門職との兼業をしている作家さんも多いですよね。弁護士とか医師とか。それは有利かどうか。僕が十三年間作家をやってきて思うのは、知識はあったほうがいいけれど、必ずしも有利に働くわけではないということ。本職の弁護士の方に訊いたことがあるんですが、確かに弁護士をやっていたら法律知識は完璧になるだろうけれど、フィクションが作りにくいそうです。今世の中に流布している法廷ミステリーのほとんどには、実際にはありえないことが入っている。現実の裁判のやり方をそのまま書いたらフィクションが成立しなくなるそうです。お医者さんも一緒で、医療関連について本当に正確に書いたらミステリーが成立しなくなることは山ほどあるらしいです。かたや僕はなんの専門家でもないんですけれど、なんとなく書けちゃう。それはなぜかといったら、知識はあるけれど経験がないから。「こういうことはありえない」という経験を知らないから書けてしまうんです。経験がなくて「これはありえない」ということを書いてしまうのが絶対に駄目、なんてことはないです。別にノンフィクションを書いているわけじゃないですから。

だから知識と経験を持っていることは、絶対的な武器になるとは限りません。それに専門職の人は確かにその分野について書きやすいかもしれないけれど、逆にいうと、その分野しか書けない可能性も出てきます。版元もその書き手は弁護士だとなったら、法廷ミステリーを依頼しがちになる。それが売れたりすると、他の版元さんもみんな冒険したくないから、我も我もといって同じく法廷ものを書かせようとする。みんな柳の下のドジョウを狙っているんですから。特に最近は出版社も冒険しづらくなっていますから、その傾向は強いです。

なにより、**小説を書く時に意識するべきなのは「どれだけ人を楽しませるか」**です。専門知識を知らせるために小説を書くのではなく、話にリアリティを持たせたい時に使うものが専門知識でしょう。手段、道具にすぎないんですよ。小説を書く時には、専門知識よりももっと大事なものは他にある、という話なんです。

新人賞の傾向と対策

僕の場合は今お話ししたような流れで『このミス』に応募したわけですけれど、どの賞に応募するかで悩む方も多いでしょう。選考委員の方が必ず異口同音でおっしゃるのは「傾向と対策なんてないよ」ってことです。それはその通りなんでしょう。

ただ、漠然と賞が作品を選ぶことはあるんです。というのはある程度文章が整っていてストーリー性もあって面白いものでも、たとえばミステリーの新人賞なのにそれが恋愛小説だったら、最終的に授賞はどうかなって話になるじゃないですか。カテゴリーエラーというやつです。

どうせ投稿するのであれば、やっぱり自分が書く作品がどの賞に一番カラーが合っているのかくらいは知っておいたほうがいい。だから自分が投稿しようとする賞の過去五年間くらいの受賞作を読むくらいのことはやってもバチは当たらないと思いますね。

もうひとつは、下世話な話ですけれど、賞金が多いところのほうがいい。繰り返しになりますが、出版社の立場からすると高い賞金を出したら当然回収しないといけない。一二〇〇万円の賞金を出したなら、一二〇〇万円分の儲けを回収しようとするんですよ。当然、受賞作家を長い目で見るし、なんとかその新人作家をブレイクさせようとする熱意がある。逆に「賞金は出ません」という賞もありますよね。そういうところは出版社からすると、賞金を回収する必要がないからその作家さんが三作目くらいまで書いてブレイクしなかったら簡単に捨てられるんですよ。あまり賞金の出ない賞の担当者に訊いた時、あっさりと「すぐ見切りますから」って言われました。やはり**本は、売れなかったら不良債権**なんです。出版社だって営利団体ですから、不良債権をずっと持ち続ける判断なんてしませんよ。

ということで、小説家として長いことやっていくことを念頭に置いてらっしゃるのであれば、賞金の高いところに応募したほうが生き残る確率は高いと思います。いろんな編集者の人に訊いてみると、だいたい賞金五〇〇万円がボーダーライン。それより上だったらみなさんなんとか回収しようと思って頑張る。間違いなく販売促進も頑張ってくれます。僕の感覚では、**賞金金額と広告費はほぼ正比例**です。

専業作家になる時

僕が専業作家になったのはデビューして二年後です。デビュー作が出ると賞金はもちろん、印税も入ってきますよね。翌年に税務署から納税通知書が来るんですよ。その納税金額が僕の年間の給与所得を超えちゃったんです。こりゃあかんと思いました。給与所得よりも税金のほうが多かったら、こんな生活やってられないって話です。

専業になったもうひとつの理由は、二年の間にいろんな版元さんから注文をいただいたことです。連載が三本くらい入っていたところにあと二本増えることになり、会社勤務しながらやっていたら締切に追われてどうしようもなくなったんです。ある日、これはもういよいよ原稿を落とすと思って、仮病を使ったんです。自慢じゃないですけれど、僕、それまで二十八年間無遅刻無欠勤だったんですよ。なのに仮病を使ったことがすごく恥ずかしかった。**仮病を使うようになったらサラリーマンおしまい**だと思いました。これ以上やったら職場のみなさんに迷惑がかかると思って、きっぱり辞めました。

サラリーマンの時はまだ三度三度の食事をとって適度な睡眠をとる人間らしい生活をしていたんですよ。物書きになって二年、専業になったと同時にそれは諦めました。物書きって憧れの職業のひとつではありますよね。自分の妄想みたいなものを文章にして、それを出版してもらって、みなさんが買ってくださるわけじゃないですか。普通の方ではやろうと思ってもなかなかできないことができるってことですよね。だったら、**普通の方が享受しているであろう、当たり前の幸福は捨てよう**と決めました。でないと不公平ですから。だからそれからはまともに寝たこともなけりゃ、まともに食べたこともないです。ずっと原稿を書いています。

量産しなければ業界から消える時代

僕は**新人作家は量産しないと駄目**だと思っています。というのも僕の前後にいろんな賞からデビューした人たちが、ほとんど生き残っていないんです。数少ない生き残った人たちを見ていると、デビュー当時に量産している人がほとんどです。デビューした年のうちに二作目、次の年に三作目を発表している人が多く、二年に一作とか、数年に一作という人はいませんでした。

純文学の方やベテラン作家ならともかく、エンタメの世界で新人で寡作なのは本当に辛い。**生き残っていくためには、球が多くなければ難しい**んです。数年ぶりに本を出して**「渾身の作品だ」とか「構想何年でやっとできた」というのは、本人の自己満足に過ぎない**んです。作家の自己満足で書いたものをお客さんが買ってくれる時代は二十年前に終わっている。今はどれだけたくさんの読者を惹きつける物語をたくさん書けるかにシフトしている気がします。それは単純に部数で判断できます。はっきり言って、評価はそれほど関係ないんです。**どれだけの人が読んでくれたか、それだけ**です。

デビューしたら書いて書いて書きまくれ

その人が量産型になるのか寡作になるのかは、デビューしてから一年で決まってしまう気がします。最初からずっと量産している人間が寡作になることはできますが、ずっと寡作だった人が量産型になるのは難しい。デビューした時の癖やスピードがその後を決めてしまう気がします。人間を機械にたとえるのもなんですが、新品の車にたとえると最初にある程度エンジンに無茶をさせないとその後ちゃんと動かないっていわれているでしょう。人間も一緒です。しかも人間はどんどん歳をとって衰えていきますから、最初に寡作の状態だったのに途中から量産しようとしても体力的に難しいでしょうね。最初から量産するようにしておいたほうが、いろんな状況に対処しやすいだろうと思います。

今の時代は量産しないと生き残りにくいという現実が、確実にあります。やはり書店でお客さんに手に取ってもらう確率を高くするためには、あるいは嫌な言い方をするとヒットする確率を高くするには、球を多くする以外にないんですよ。

書店の平台って、看板や広告みたいなものです。昔は書店に新刊が入ったら二か月はずっと平台に置かれていた。ところが今書店をのぞいてみると、**新刊が平台に置かれている期間はせいぜい二週間**ですよ。せっかく新作を出しても二週間後には棚差しにされてしまうのに、一年に一作とか二作しか書いていないのなら名前を売る広告にもなりはしない。目に留まるチャンスが減ってしまうんです。

出版社のほうだって本を売りたくてしょうがない。だから広告を出したいのに二年に一回しか出さなかったら宣伝のタイミングがないんですよね。でも仮に、毎月本を出す人だったら毎月広告できる。新刊が出た時に過去の作品も宣伝できる。書店のほうも新刊は平台に並べてくれるから、ひと月に一冊本を出せば、毎月平台になんらかが並ぶわけでしょう。それはすごい広告効果です。普段から本を読む人も含めて、**人間って基本的に保守的**なんですよ。自分の**知っているものには手を出すけれど、知らないものにはなかなか手が出ない**。書店に来て、何か面白い本はないかなって見渡した時に、片方によく見かける著者の本、もう片方にまったく知らない新人の本があったとしたら、どっちを手に取るかって話です。僕は四十八歳までずっと本を買う立場の人間だったのでそれは分かります。で、**どうしたら中山七里の作品に手を伸ばしていただけるのか**と考えた時に、**量産するしかない**と思ったんです。

僕はこれ本当に自覚しているんですが、文芸の世界って化け物ばっかりじゃないですか。こんな化け物ぞろいの世界で僕みたいな才能のない人間が生き残るには量産するしかないんですよ。それで、量産できる生活と身体を作ったというわけです。

原稿執筆中の眠気対策

今はずっと眠気覚ましにエナジードリンクを飲みながら書いています。でもデビューする前、今から十三年前ですね。まだそんなにエナジードリンクがなかった頃、**眠気を覚ますためにコンパスの針を足の裏に突き刺して起きていたんですよね。**それでなんとか原稿を書き上げて靴を履いて会社に行こうとしたら、**歩くたびにズブズブ音がする。**何かと思ったら足の裏が血だらけでした。あの頃はまだ人間ができてなくて、やっぱり何回も睡魔に襲われるから、そのたびに刺していたんですよね。

今はそういうことに慣れて、三徹だろうが四徹だろうがなんとかなります。人間って面白いもので慣れたらなんとかなるんですよ。体力の問題もありますけれど、使命というか、義務感もあるわけです。作家というのは末端の仕事を請け負っていて、僕らがやらないと他の仕事が動いていかないんですよね。ということは、今僕がここで寝たら、あの人とあの人とあの人に迷惑がかかるなって、具体的な顔が浮かんでくるんですよ。それはあかん、となると気力も体力も持続するんです。

健康維持の秘訣

物書きはだいたい三つ病気になるといわれています。**肩凝り、眼精疲労、痔**。痔は、ずっと座りっぱなしだから。この業界に入った時に先輩に最初に言われたたったひとつのアドバイスは、**「いい椅子を使いなさい」**ということでした。今になって考えると、すごくいいアドバイスでした。同業者でもいろんな疾患を抱えている方がいますが、よくよく聞くと、そういう方はあまりよくない椅子に座ってらっしゃる。椅子が一番大事です。

とにかく、書き続けるには健康であることが大切です。僕はたぶん健康体です。病気をしたことがないし、定期的に人間ドックにも行っていますけれど、行くたびに数値がよくなっています。わけが分からないです（笑）。僕だってそりゃ疲れます。疲れが全然とれませんよ。今、週に二回整体に通っているんですけれど、「まるで鎧《よろい》を着ているようだ」って言われます。触ると分かるんですけれど、指が入らないくらい硬いんです。

中学に入るまでは風邪をひいたりもしていたんですが、中学校からはまったく病気をしていません。お前おかしいぞって言われるくらい体力的には丈夫です。今でも年々肌ツヤがよくなるくらいで、**この十年間で髪の毛が白くなっただけ**です。**体力もどんどんよくなっています**。誤解を恐れずにいうと、どんどん頭もよくなっている（笑）。ある程度使うからでしょうね。僕は今六十三歳で、結構いろんなことを忘れる年代らしいんですけれど、他の人よりはまだ記憶力が確かだと自分でも思います。ただ、**嫌なことや嫌な人は記憶から抹消しますよ**。抹消したら嫌な思いをしなくてすむから。たぶん自分で意識的にやっていると思います。引きずったって損なだけだもの。

今は**平均睡眠時間は三時間**です。でも別のところで元を取っているんでしょうね。移動時間や病院の待合室でこっくりこっくりして帳尻を合わせているんだと思います。仕事中に寝落ちすることだってしょっちゅうです。ふと気づくとキーボードの間に頭を埋めていて、ぱっと画面を見ると「ああああああ」って文字が続いていたりします。

一度は数時間おきに十五分ほど横になって仮眠をとることも試してみたんです。でも仮眠をとった瞬間に仮眠じゃなくなりました。ずっと寝ちゃうんですよ。十五分だけ寝ようと思ってちゃんと目覚ましもかけたのに、目が覚めたら一日過ぎていましたのでこれは駄目だと思ってやめました。ですから昔は、三時間睡眠の時も座ったまま寝ていました。新しい事務所に移った時、いつまでも使わないからベッドが綺麗なままだったんですよ。掃除に来た妻に**「どうしてベッドが綺麗なままなの」**と指摘されまして、**今は横になって寝ています**。

他に健康管理として気をつけているのは、**大食いしないこと**。それと、これは中学の頃からずっと続いているんですけれど、**毎日必ずトマトジュースを飲む**こと。250ミリリットルのものを一日一本。その習慣がいいのか「血液年齢が若い」と言われます。トマトジュースは冷蔵庫に常備しています。常備してあるのはトマトジュースと眠気覚ましのレッドブルと、黒ビール。僕はアルコールを飲むと眠れなくなるので執筆の際に黒ビールを飲むんです。母がうわばみでして、その血筋なのか酔わないんですよ。なのでうちの冷蔵庫は開けると、**トマトジュースの赤**と、**黒ビールの黒**と、**レッドブルの青**の三色に分かれています。

食事は一日二食です。朝と夕方。**下手したら一食、もっと下手したら無食**の時もあります。食事で気をつけているのは、お米よりは肉を食べることくらい。肉は脂質を摂るためですね。水は必ず毎日1リットルから1・5リットル飲むようにしています。

トイレに行くのは一日一回にしました。昔は普通に何度か行っていたんですけれど、作家になってからはいちいちトイレに行っているとそのたびに集中力が途切れるので、面倒になって一日一回と決めました。一日三食食べるから何度も行きたくなる、じゃあ二食にしようなどとしているうちに、トイレは一日一回が習慣になりました。人間の身体って、ある程度は自分で変えられるものなんですね。

運動は、**夜中に大通りの真ん中をダッシュする習慣**があったんですが、**警察から職務質問**されたのでやめました。今はほとんど運動はしていませんが、書店訪問の時に都内を回るのが運動といえば運動です。僕、一緒に書店回りする編集者にもよく言われるんですが、歩くのは速いんです。僕、**書店訪問の日はだいたい一日十四店舗がデフォ**です。

パパパッと移動しますから。

映画鑑賞と読書は趣味というより食事

一日に映画を一本観て、本を一冊読むことが僕の習慣です。それは**趣味というより食事**みたいなものです。趣味と呼べるのはオーディオくらい。自宅で映画を観るための機材や設備を揃えることには血道をあげたので、それが唯一の趣味といえば趣味なんです。一五〇インチのスクリーンと十四本のスピーカーで自宅に映画館を作り8Kや4Kで映画を観ています。一応映画館にも行くんですけれど、毎日行くと疲れるので、それなら家に映画館を作ったほうがいいなと思ったんです。

映画も本もランダムに選びます。自宅にブルーレイのライブラリーみたいなものがあって、結構揃えてはいるんですが、五〇〇〇タイトルまで数えたところで疲れてやめたので正確な枚数が分かりません。まだ増殖していますしね。そのライブラリーの前で目をつぶって手を伸ばしたところにあったものを観るんです。

本は活字ならなんでもいいんです。小説も紀行文もコミックも演劇の本も、なんでも読む。本は神保町に買いに行きます。神保町にはミステリーの専門店、コミックの専門店、学術書だけの書店など、いろいろある。そこをランダムに回って買うんですよ。だから本当に雑食そのものですね。

僕は毎日、最低二時間は自分が書いたもの以外の活字を見ていたいんです。今書いているものに関係なくても読んだ情報は必ず頭のどこかに入ります。今、僕が取材しなくても書いていけているのはそのインプットがあるからです。必要な時にポンと出てくる。ですからテレビでも映画でもなんでも、**自分の好きなものだけを摂取していたら、ネタがなくなりますよ。**自分の手が届く限り、ありとあらゆるものを吸収してやろうというのが正しいやり方だと、僕は思っています。

電子書籍の端末は持っていません。古い人間ですよね。紙のページをめくる快感、あと何枚で終わるか分かる、あの快感が忘れられないんです。今電子書籍は馬鹿にならない増殖の仕方をしていて、僕もその恩恵にあずかっている一人なんですけれど、それでもやっぱり紙の本を売っている書店さんのことは常に気にかけたいと思っています。だからリアル書店に買いに行きます。

アイデアに詰まったら関係ない映画を観る

アイデアが降ってくるのはシャーマン系で、本当に何人かの限られた人だけです。僕はどちらかというと、**アイデア**が降ってくるのではなくて、**一生懸命引っ張り出している**感じです。しんどいですよ（笑）。三日三晩でプロットを作る時、トリックを生み出すのにどれだけ苦労していることか。仕事の八割はプロット作りだと言っているのはそこです。ストーリーとトリックができたらあとは書くだけで、それはもう頭の中に全部原稿ができているのでダウンロードするだけです。楽なものです。

ストーリーを考えている**三日三晩は、お地蔵さん**ですよ（笑）。ずっと動かず考えている。ただ、どうしようもなくなった時に映画を観ます。それも今書こうとしているものとはまったく関係ない映画です。というのはなぜか映画を一本観るとその映画とはまったく関係ないアイデアがポーンと引き出しから出てくるんです。それで「よかった、これでまた一本書ける」と安心する。この連続ですね。

たとえば、『**護られなかった者たちへ**』を書いた時は「**インディ・ジョーンズ**」**を観ましたね**。全然関係ないでしょう？（笑）　どうしてそういうことになるのか自分でいろいろ診断したんですけれど、おそらく、今までたくさん本を読んできてインプットされたものが引き出しの中に収納されていて、刺激を与えた拍子に出てくるんでしょうね。

ひとつのネタを広げていく

インプットがないとアウトプットは途切れます。

それは人の小説を読んでいると分かります。インプットのある人は、ひとつのネタの広がり方がすごい。例を挙げると京極夏彦さん。たったひとつのネタで、あんなレンガみたいな本を書けてしまうでしょう。逆に「きついな」っていうのは、こんだけ山盛りにトピックスやらガジェットをぶち込んでいるのに、たった二〇〇ページしか書けていない人とか。ネタはたくさんあるのに有機的に結合していなくて、情報や知識が全部ぶつ切りの状態で詰め込まれている。頭の中に蓄積された知識の繋ぎ方が確立されていないものだから、ひとつのネタで話題を広げることができないんです。それができるかできないかはやっぱり、今までインプットしてきた量に比例します。

本が好きで好きで読んできた人と、年間一冊か二冊しか読んでいない人が、よーいどんで小説を書いたらそりゃ差が出ます。本が好きか嫌いかというのも、それまでの環境にもよりますから一概には言えないけれど、その段階で向き不向きはあるなと感じます。大事なのは、不向きだからやれませんよということではないんです。不向きでもやり方を考えれば仕事としてやっていけるし、逆に慣れていたとしてもやり方が間違っていたら小説は書けない。そのへんは難しいところですね。

映像化への向き合い方

デビュー作が映画になった時は、やっぱり最初だったので、ちょこちょこっと「ここは譲れないよ」ということを言いました。でも二作目、三作目、四作目になるとどうでもよくなってきました。なぜかというと、しょせん**原作と映像化作品は別物**だと分かったから。

だって普通に書いたものをそのまま映像化したら、四時間超えるものになりますよね。それを二時間の映像にしたら、別物にならざるをえないでしょう。それなのにいちいち目くじら立ててたら向こうの仕事が進みません。それよりも映像化というのは**自分の名**

前を認知してもらう絶好の機会なんだから、それを活かす方向に神経を遣っていたほうが精神衛生上よろしいでしょう。もしも映画がよくない出来だった時は、「どうだ、俺の原作のほうがよかっただろう」って言えるじゃないですか。全部プラスに考えれば**たいていの怒りは消えますよ**。

困った依頼はあるか

僕が最初困ったのは講演の依頼ですね。二時間話してほしいという依頼はまだ大丈夫だったんですけれど、きつかったのは小説講座の講師の依頼。受講生が書いたものの講評を頼まれたんですけれど、人様の文章をとやかく言うようなこと、しかもそれを本人に直接言うなんてことはおこがましくてできなかったんです。なのでその時は講評はやめさせてもらって、好きなことを喋らせてもらいました。でもこれも辛かった。だって、なんの反応もないんですもん。**僕は人に教えるのが最高にヘタクソ**だってことは分かりました。だから小説講座の講演はもう二度とやりたくないです。

単行本と文庫

今、**文庫と単行本の値段が接近していますよ**ね。これまでだったら文庫で儲ける人と単行本で儲ける人の住み分けがあったんですけれど、今それが難しくなってきている。おそらく次に来るのは、単行本はなんらかのプレミアをつけないと売れなくなるということ。ひとつは化粧箱入りの書籍とか。京極夏彦さんの十万円の特装の金箔本がありましたよね。ああいうのが、やっぱり売れるんですよ。単行本はどんどんプレミア化していく予感がします。特典をつけたほうが売れるでしょう。

文庫本も単価が高くなっているので、それこそ興味を引くような人に解説を書いてもらうといったやり方で、文庫なりのプレミア感を出さないと売りづらくなっている。十年前と同じようなやり方で売れる時代ではないんです。とすると、**売れる版元と売れない版元**の差が大きくなっていくでしょうね。つまり、商売上手なところとそうではないところと。そうすると次に始まるのは、版元さんによる作家選びです。版元の社風や予算と人気のバランスをとれる人を選ぼうとするんです。有名だからといって依頼がくるとは限らないでしょうね。その時に生き残っているのが誰かというと、やっぱりたくさん書いている人間、いろんなジャンルを書いている人間に絞られてくると思っています。

編集者との付き合い方

編集者はクライアントで、こちらは下請け。その姿勢を守っていたら絶対失敗しません。失敗するのはこの大原則を忘れているからです。編集者は自分と二人三脚で作品を作ってくれるんだなんて、馬鹿なことを言うもんじゃないですよ。作るのはお前だよってことです。編集者に「いろいろ教えてください」とか「ご教示してください」とか「プロデュースしてください」とか言ってる場合じゃないです。**自分のプロデュースくらい自分でやれよ**って話です。それはあなたが自分でやらなくてはいけないことなんです。

編集者との相性はあるでしょう。人と人ですから合う合わないはあります。でも相性が合わないから仕事したくない、というのは違うでしょ。お互い大人なんですから相性が合おうが合うまいが、仕事なんだったらビジネスライクに話をしないといけません。

何度も言いますがこちらは下請けで、向こうに商品を卸してもらう立場でしょう。僕は、編集者は一番最初の読者だから、この人が面白いと思ったらその人の後ろに控えている何万人の人が面白いと思ってくれるに違いないと信用して、その**編集者を楽しませるものを書こう**と思います。逆に**嫌われる作品を書こうなんて思いません**よね。

前にもお話ししたように僕が編集者と意見が衝突することはないです。最初に編集の人とお会いした時、仮に一時間の打ち合わせ時間が与えられたとしたら、仕事の話は五分で終えて、あとの五十五分は無駄話をして、その人の好みや考え方を把握していれば、無駄に衝突することなんてないですよ。

ともかく、編集者とは普通の付き合い方をしましょう。SNS上で作家と編集者のトラブルってたまに見かけますけれど、僕に言わせれば**九割は物書きの責任**です。まず絶対数が違いますよ。編集者の数は限られていますが、物書きなんて山ほどいるわけじゃないですか。そうなるとトラブルが起きた場合、割合からして物書きのほうにトラブルのもとがあると考えられます。もちろん例外はあります。でも**編集者は基本的に常識人**です。これも、例外はあるけれど(笑)、普通に見たら常識人のほうが多いです。

それに編集者には「こいつの本を売ってやろう」という基本的な目的があるじゃない

ですか。売るためにいろいろ言ってくれているんです。だったらそれは真摯な気持ちで聞かなきゃ駄目ですよ。それを、「俺が」「俺が」といって反抗するからトラブルのもとになるんです。編集の人が本を売るため頑張っているのに、**書いている本人は、自分を表現するために書いているって勘違い**しているからトラブルになる。どちらも正しいけれど、目的が違っているから齟齬が生じる。この場合、一番いいのはどこかで折り合いをつけることですが、折り合いをつけようとすると結局「どうしたらこの本が売れるだろうか」というところに収束するわけでしょう。編集者の言い分が通るんです。だから**物書きの方は、ある程度自我を殺さないと駄目**です。基本的に本は書くものでもあるけれど、売るものでもあるんですから。

たまに作家がＳＮＳに編集者への不満を書いていますよね。あれはやっては駄目。だって編集者は立場上ＳＮＳで反論できないでしょう。片方が言って、片方は言っちゃいけないなんて不公平です。それならオフで会った時に話すのが当然です。そういうこともあって、作家はＳＮＳはやめたほうがいいと思っています。

作家同士の付き合い

僕は宝島社の『このミステリーがすごい！』大賞からデビューしたので、新型コロナウイルスが広がる前は『このミス』出身者の飲み会に定期的に出席していました。いろんな人が集まっていましたね。僕がそういう場で若い作家に言うのは、たくさん書いてくださいねってことと、編集さんとは人間的な付き合いをしようねってことでした。

作家同士で仲良くするのは悪いことではないですよ。昔は大人の先輩作家さんたちに銀座の文壇バーに連れていってもらうなんてこともあったようですが、今はそういうことはないようです。といって**売れない作家同士が集まるのは、傷の舐めあいに終始するだけ**なのでなんの意味もないと思います。僕はあまり参加したことがないので分かりませんが、自分と同じような年代で、同じような作品を書く人間だけが集まるというのは、余計フラストレーションがたまるだけじゃないかと思っちゃうんですが、どうでしょうか。

僕は人の悪口を言わないんですが、人の悪口を言う人っていますよね。「編集者からこんなことを言われた」「こういう約束だったのにやってみたら違った」とか「ここの版元はこうだったけれどあそこの版元はああだった」とか、原稿料とか初版部数の違いの話ばかりする人。でも、そういうのを聞いていると分かってしまうんですよ。「この人この版元から信用されていないな」って。あそこの版元で初版が何万部ってことは少ないななどと分かってしまうんです。逆に**新人の景気のいい話を聞くと嬉しい**ですね。やっぱり新人が育たなかったらこの業界潰れちゃいますから。だから人の本でも、本が売れたという話は嬉しいものです。

作家のSNSについて

さきほどSNSの話題が出たので、ちょっとその話をします。

SNSってたとえ本名でやっていてもやっぱり別の人格なんですね。言葉の数も限られているし規制もあるから、作中にSNSをやっている人間を登場させる場合、人を二通り書かなきゃいけないから面倒くさいんですよね。それが読者には分かりづらい。だからこそ僕は試験的にSNSの犯罪を扱ったものを書いてはいるんですけれど。

僕は**物書きはSNSをやらないほうがいい**と思う派です。だって面倒くさいもん。S

NSに投稿するよりも原稿を書いたほうが早いなって思っています。

これ本当に新人作家さんや作家志望の人に言いたいんですけれど、言いたいことがあるんだったらSNSではなく小説で書いたほうがいいですよ。SNSで何かやると、プラスよりマイナスの作用のほうが多い気がします。まあ告知や宣伝に徹するというならOKですけれど、告知もやり方次第ですよね。自分の新刊情報を出して「初速が大事なので買ってください」とか「一週間以内に重版かからなかったら駄目なんです」みたいなPRをする人っていますが、あれは逆効果です。そのような告知をするってことは「これ売れてないので買ってください」つまり「この本は売れません」と自分で言っているのと一緒。なぜ逆効果になるようなことをやっているのか不思議です。

本の宣伝なんて黙ってても版元がやってくれますよ。**やってくれないとしたら、それは自分に商品価値がないから**だって早く気づけよって話です。それで焦る気持ちは痛いほど分かるけれど、それゆえSNSをやればやるほどドツボに嵌《はま》っている人はよく見かけます。作家さんが宣伝ばかりやっているとフォロワーは減るというデータもあります。自己宣伝を始めたとたんにその作家が嫌いになるという読者は多いんです。僕の場合、一緒に仕事をしている版元さんが十何社かあるんですけれど、そちらがちゃんと宣伝してくれているので却って僕は宣伝しちゃいけないと思っています。

今日本で定期的に**自分の小遣いで本を買う人は二万人**という話があります。だったらその二万人以外の人が手に取らないとヒットにならない。そのためにどうするかといったら、悪目立ちしちゃいけないし、自分で「これ売れません」と思わせるような告知をしては駄目です。特にその人のファンでない人間は余計スケベ心に対するアンテナが敏感だから、ＳＮＳは危険なツールなんです。

米澤穂信さんのＳＮＳなんて素晴らしいですよ。新刊の告知も積極的にやっているようには見えないでしょう。そうではなくいつも日常のことをユーモラスにつぶやいているように見える。あれが理想形ですね。

それと、僕、嫌なものを見ちゃったんですよ。前に安倍元総理についていろんな人が罵詈雑言《ばりぞうごん》のようなハッシュタグをつけて投稿していたんですよ。亡くなられた時に大勢の人がその投稿を削除していたんです。中には作家もいました。僕はそれを見て格好悪いなと思いました。人の悪口を言い続け、それを消さないのはロックな生き方かもしれないけれど人間としては尊敬できないし、かといって条件反射のように消してしまう人間は、それはそれであまり親しくしたくない。もっというと何かのハッシュタグができた時に、条件反射で飛びつく人間は浅薄だと思います。**政治的発言をしているように装っているけれど、憂さ晴らしがしたかっただけ**なんだなと思いますね。ご本人には言いませんけど。でもそういうところって作品の中に滲み出るんです。**SNSって人の本性を露《あら》わにする装置**ですね。それを眺めているとどれだけでも嫌な人間が書けますね（笑）。ただ、自分ではやろうとは思いません。

ある作家さんが言っていました。自分にとって一番怖い商売相手は、SNSもせず、ゲームもせず、休みもせず、ただひたすら原稿を書く奴だって（笑）。逆にいったらみんなSNSをしたりゲームをしたり休んだりしているんですよね。だから量産しようと思ってもなかなかできないんじゃないでしょうか。

喜怒哀楽はない。喜喜楽楽しかない

ストレス発散方法は特にないですね。だってストレスがないから。僕は日々ただ坦々と、一定のテンションで原稿を書いているだけです。逆に執筆中にテンションが上下するというのが理解できないんですよ。サラリーマンの時もそうでした。気分がノるとかノらないとかいって仕事をしている人間を、誰が信用するんだろうと思っていました。

日常生活でも感情が乱されることはないですね。僕は夫婦喧嘩もしたことがないです。基本怒ったことがない。怒るって疲れますから、怒りそうだなと思った時は自分で頭を冷やしますし、ここは怒ったほうが得になると思った時だけ、怒ったふりをする。でも基本的に本当に怒ったことって過去に一回あったかな、というくらい。

僕は人から何を言われようが、なんとも思いませんね。人から何か言われて嬉しいと思ったこともあまりないです。喜怒哀楽がほとんどない。あるとしたら「喜喜楽楽」くらい。いつも笑ってます。人にけなされてもなんとも思わないし、逆に褒められてもなんとも思わない。よくみなさんがおっしゃる承認欲求もゼロ。だからヘラーッとしていられるんでしょうね。

本や映画で泣くことはしょっちゅうです。「E.T.」では決まったシーンになるとパブロフの犬のように反応して泣きます。本を読んで感動することもあります。ただ、実生活の中で涙が出るということがほとんどないんです。せいぜい子供が生まれた時くらいです。

怒るのは損

そりゃ、人に迷惑をかけられることはあります。依頼を受けて一生懸命原稿を書いた後で企画倒れになって原稿が宙に浮いたこととか。でもそれは別の機会に別の版元に出して、ちゃんと原稿料ももらったのでラッキーでした。

たいてい頭にくることって、視点を変えたらそんなに頭にくることでもないんですよ。第一、**怒ったら疲れる**もん。それよりは、へらっと笑っていたほうが楽です。それに怒ったからといって気持ちがスッとすることってあまりないですよね。むしろ後になって怒った自分が情けなくなるに決まっているんですよ。そう考えると、怒らないほうが精神衛生上いいというのは当然の帰結です。

これは想像でしかないんですけれど、みなさんやっぱり言いたいことがあるのに聞き入れてもらえなかったり、拒否されたりすると煩悶《はんもん》したり葛藤を抱いたりするんじゃゃないですか。そういう時ってたいてい、人間はろくでもないことしちゃうんですよ。むしゃくしゃした時ってあまり生産的なことはやらない。

僕が思うのは、**人間いつかは死ぬ**ってことです。だったら**有効に生きたほうが得**ではないでしょうか。そう思うと、承認欲求なんてないほうがいいよね、怒んないほうが楽だよねってことになります。

僕は学校に通っていた頃も社会人になった時も、自分がやりたいことしかやってこなかったし、先生や上司から何を言われてもなんとも思いませんでした。全然言うことを聞かないから上司から嫌われましたけれど。でもサラリーマン生活は楽しかったです。さきほどお話しした理由で辞めざるをえませんでしたが、サラリーマンほど楽しい仕事はないですよ。大賞を受賞した時も、兼業して定年退職まで会社にいるつもりでしたもの。

書店は作家の通信簿

会社員だった頃、自分の仕事を見てくれるのは上司一人だけでした。今は自分の仕事をいろんな人が見てくれる。もちろん僕が書いた本を壁に投げつける人もいるだろうけれど、とりあえず自分がやった仕事が目に見えるのは、やりがいに繋がりますね。

自分の本が面白いか面白くないか、**売れているか売れていないかは書店さんに行ったらすぐ分かります。売れている本は入り口に近いところに置かれ、売れていない本は奥に引っ込んでいくんですから。書店は作家の通信簿**ですよ。

それでやりがいを感じるのは、承認欲求とはちょっと違いますね。書店の通信簿は、自分がどれだけ人を楽しませたかっていう証拠なんです。承認欲求は自分を認めてほしい、つまりベクトルが自分に向いていますが、それとは逆のベクトルで、ベクトルが読者の方々に向いているんです。みんなを幸せにできたということが僕の喜びなんです。

僕らの仕事って基本的には、読者に疑似体験をしてもらうことが目的じゃないですか。日常で仕事をしていると辛いことがあったり悲しいことがあったり憤りがあったりと、どうしようもないこともあるけれども、少なくとも僕の本を読んでいる間はそれらを忘れてくれるかもしれない。それは、僕の本がその人たちには貢献できているってことですよね。人が寝ている時間も起きて徹夜して原稿用紙のマス目埋めていって、ＷＢＣもオリンピックも見ずに原稿を書いて、それでできた本を誰かが読んで楽しんでくれたなら、あの徹夜も、あの作業も無駄じゃなかったと言えます。そして、これは本当に深く深く心に刻んでいるんですけれど、ここで**たとえ僕が死んだとしても、本は残るんです**。読んでくれた人のどこかの一部となって残る。魂を残せるというのは、いい仕事だなと思います。

手塚治虫さんがいつも心にいる

僕はひとつ自分に課していることがあります。それは連載に穴をあけないということ。それだけは守っています。今、月に八本連載があってしんどいですけれど、でも仕事があるのは幸せです。注文がなくなったらおしまいだもの。暇が一番怖い。

一番多かった時は、連載が月十四本ありましたね。新聞の朝刊連載と夕刊連載を同時期にやっての十四本なのはきつかった。でもその時はその時でなんとか回していましたし、朝夕刊とも映画化したから、まあいいかなと思っています。

僕はどんなにキャパオーバーと思われる量の依頼があっても引き受けます。受けて、どうしても駄目になったら白旗揚げるつもりですけれど、十三年間やってきて分かったのは、人間の脳みそはそんなにちゃちなものじゃないってこと。

　僕が**心に留めているのは手塚治虫さん**です。あの人は化け物なんですよ。死ぬ間際にも連載を三本抱えていらっしゃって、ベッドの中でもストーリーを作っていた。

　文芸の世界でも、赤川次郎さん、西村京太郎さん、森村誠一さん、内田康夫さんという、錚々《そうそう》たる方々がいらっしゃいます。そういう四百冊とか六百冊とか書いた方々がいらっしゃるから、今僕が連載何本で苦しんでいるといっても、甘えみたいな気がするんですよね。あの方たちと同じ世界に住んでいるんだったら、せめてあの方たちから笑われないようにしたいという思いがあります。もちろん内容だとか、功績だとかは比べようもないんですけれど、少なくとも執筆するスタイルについては笑われないようにしたい。

　もうひとつ決めていることがあります。僕は、**「遊びたい」とか「休みたい」とか一回でも思ったら筆を折る**つもりです。自分で自分が怠け者だと知っていますから、そんなことを一度でも考えたら、もう怠けるのが分かっているんですよ。だからそれは、絶対に思わないようにと自分を律しています。これを守ることができている限りはなんとか続けていけるなと思っています。

すべては書き続けるために

もしもこの先何か目標があるかと訊かれたら、「パソコンのキーを打ちながら死にたい」と答えますね。さきほど言った手塚治虫さんのように、僕は最後まで現役でいたい。途中で書けなくなって、世間から忘れられて、死んでから三行くらいの新聞記事になって、というのはごめん被《こうむ》りたいんですよ。

気障《きざ》ったらしい話になりますが、僕は五十歳で会社員を辞めた時に、ここから先はおまけの人生だと思いました。そう思って生きてきたんです。だからいつ死んでもいいんです。いつ死んでもいいけれども、完全燃焼したい。だから休みたくもないし、遊びたくもない。おまけの人生だから、どう使ってもいいと思いながらやっているんです。

すべて書くことのためにやっているんです。食事だって、書くための体力をつけるために食べているようなものです。本にしても映画にしても、そのエッセンスを入れて次の作品に活かすために読んだり観たりしているんです。生活の全部のことを小説を書くことに費やしている自覚はあります。でなかったら、僕を物書きに選んでくれた選考委員の方々に申し訳ないし、僕の本を買って読んでくれている読者の方に申し訳ない。

死ぬまで現役で、キーボード叩いて、ふっと意識がなくなってそのまま死ぬのが理想ですね。そうすると未完の原稿ができるわけですが、でも僕の場合、その前に出版していない原稿のほうが多いんです。二〇二四年の段階で、すでに書き上げて出版待ちの原稿が十本くらいある。二〇三〇年の三月まで毎年奇数月に単行本が出ることが決まっているんですよ。偶数月には文庫が出るのが分かっている。だから今死んだとしても、連載の八本は未完だけど、あと十本以上は出版することが決まっているんです。

ある作家が亡くなった時に、葬儀の祭壇に全著作が並んだんですよ。それがたったの九冊でした。参列していた担当編集者がそれを見て、「もっと仕事させてあげればよかった」って悔やんでいたんですね。僕、その作家のファンだったんですけれど、最後の最後に編集の人にそれを言わせるのは駄目だよと思いました。すごくいい作品が書けるのに書かなかったというのは、読者と編集者さんに対する裏切り行為だから。物書きとしてデビューしたからには、**命の限り書き続けなかったら選ばれた甲斐がない。命の限り書け**、と僕は思っています。でなかったら自分がデビューした時に落ちた人たちにも申し訳ない。拾ってくれた版元さんに申し訳ない。いろんな人に申し訳ない。だから、完全燃焼したいというのは、自分のためでもあるけれど、やっぱり、自分をここまで育ててくれた人や、読んでくれた人や、関わってくれた人たちに対する義理があります。だって**この仕事、一人じゃできない**ですから。僕はそう思っています。

幻冬舎新書 742

超合理的！ ミステリーの書き方

二〇二四年九月二十五日 第一刷発行

著者 中山七里
発行人 見城 徹
編集人 小木田順子
編集者 壷井 円

発行所 株式会社 幻冬舎
〒一五一-〇〇五一 東京都渋谷区千駄ヶ谷四-九-七
電話 〇三-五四一一-六二一一(編集)
〇三-五四一一-六二二二(営業)
公式HP https://www.gentosha.co.jp/

ブックデザイン 鈴木成一デザイン室
印刷・製本所 中央精版印刷株式会社

本書は二〇二三年五月からAmazonオーディブルで配信中のPodcast番組『中山七里のミステリーの書き方』をもとに、大幅に加筆・修正したものです。

検印廃止

Printed in Japan ISBN978-4-344-98744-9 C0295
な-30-1

*この本に関するご意見・ご感想は、左記アンケートフォームからお寄せください。
https://www.gentosha.co.jp/e/